DK TRAVEL

TOP 10
PRAGA

AF277095

CONTENIDOS

DESCUBRIENDO PRAGA

El puente de Carlos IV iluminado al atardecer

BIENVENIDO A
PRAGA

Praga se ha consolidado como una de las ciudades más populares de Europa, donde obras maestras de estilo *art nouveau* se alzan en las calles medievales y la mejor cerveza se disfruta en las plazas barrocas. Disfruta de lo mejor de la ciudad con la ayuda de la guía Top 10 Praga.

Praga, la ciudad de los cien chapiteles, sigue asombrando a todo el que pasea por sus callejuelas empedradas. A lo largo de los siglos ha logrado escapar de los daños causados por las guerras y de las remodelaciones de urbanistas demasiado entusiastas. Gracias a ello, el centro ha cambiado

poco desde el siglo XIV, cuando Praga era la capital del Sacro Imperio Romano Germánico. Pasear entre los edificios góticos y barrocos de la plaza de la Ciudad Vieja es retroceder en el tiempo; el reloj astronómico del ayuntamiento de la Ciudad Vieja sigue marcando las horas mientras se recorre la Ruta

Vistas al río Moldava

Real por el puente de Carlos IV hasta el castillo de Praga.

Los bellos edificios son el ADN de Praga; no hay que caminar demasiado para toparse con catedrales épicas como la de San Vito o iglesias de cuento de hadas como El Loreto. La rica historia de la ciudad también se refleja en las lápidas del antiguo cementerio judío, testimonio de la próspera comunidad judía praguense.

No hay que pasar por alto todo lo que la ciudad ofrece hoy en día. Para empezar, el excelente panorama cervecero de Praga, donde la dorada cerveza checa o la Pilsner Urquell bien podrían ser las mejores cervezas del mundo, y algunas de las más económicas. Luego está la escena artística, con el insólito arte público de David Černý, que convierte la ciudad en una galería al aire libre, y la magnífica Galería Nacional, que exhibe obras modernas en múltiples ubicaciones. Además, Praga cuenta con soberbios espacios verdes, desde las frondosas laderas de la colina Petřín hasta los jardines de antiguos monasterios.

Esta guía Top 10 reúne lo mejor que Praga puede ofrecer, con sencillas listas con las 10 mejores opciones, consejos de expertos y mapas y planos detallados, que hacen del viaje una experiencia extraordinaria.

HISTORIA DE
PRAGA

La de Praga es una historia agitada. Lo que comenzó siendo un castillo en un promontorio rocoso evolucionó hasta convertirse en la sede de un imperio antes de declinar y ser un reducto del Imperio de los Habsburgo. Solo en el siglo XX asumió numerosas identidades antes de llegar a ser finalmente la capital de la República Checa. A pesar de los reveses, la ciudad se ha levantado más fuerte tras cada caída. He aquí su historia.

El nacimiento de Praga

Los indicios de actividad humana se remontan al Paleolítico, pero no fue hasta el siglo IV a. C. cuando las tribus celtas construyeron asentamientos en los alrededores de la Praga actual. Las tribus germánicas les siguieron en el siglo I a. C., y los primeros eslavos llegaron en el siglo VI. Estos recién llegados entraron en conflicto con las tribus existentes y sus luchas condujeron a la aparición de la primera dinastía eslava gobernante de la región de Bohemia, la dinastía Přemyslita, en torno al año 800. Consolidaron su posición construyendo fortalezas en los alrededores de la actual Praga y se afianzaron con asentamientos fortificados en Vyšehrad y donde hoy se alza el castillo de Praga. Estas edificaciones marcaron la fundación de Praga. Gracias a la seguridad que ofrecían estas fortificaciones, los asentamientos crecieron y prosperaron, y en el año 950 el reino de Bohemia pasó a formar parte del Sacro Imperio Romano Germánico.

Una ciudad emergente

A pesar de ser una de las regiones más poderosas del Sacro Imperio Romano Germánico, la naciente ciudad de Praga seguía siendo un conjunto de asentamientos separados. En 1172 se construyó el primer puente de piedra, el puente Judith, sobre el Moldava, que unía las aldeas existentes. En el siglo XIII se crearon Staré Město (Ciudad Vieja) y Malá Strana (Barrio Pequeño), este último como asentamiento de emigrantes alemanes. Fue también en esta época cuando los judíos de Praga empezaron a ser confinados en lo que se convertiría el gueto judío.

Sede del Imperio

La dinastía de los Přemyslitas, que gobernó Praga durante casi cinco siglos, llegó a su fin en 1306 con el asesinato de su soberano. El poder fue transferido a

Jan Hus, teólogo y filósofo checo radical

Juan de Luxemburgo, dando inicio a una época dorada que continuó con su hijo Carlos IV, que también se convertiría en emperador del Sacro Imperio Romano Germánico. Carlos convirtió Praga en la capital del Imperio y logró transformarla en una de las principales ciudades europeas; fundó una universidad, mandó construir el puente de Carlos IV, trazó Nové Město (Ciudad Nueva) e inició la construcción de la catedral de San Vito.

Conflictos religiosos

En 1389 tuvo lugar la matanza en la que murieron unos 3.000 judíos. Poco después, en 1415, el predicador husita Jan Hus fue quemado en la hoguera en Alemania tras denunciar las prácticas inmorales de la Iglesia. Su muerte desencadenó las guerras husitas, dos décadas de enfrentamientos entre protestantes y católicos que se saldaron con la victoria católica. En 1526 los Habsburgo, católicos, se convirtieron en gobernantes de Praga y combatieron el protestantismo. Sus esfuerzos condujeron a la segunda defenestración en 1618, cuando un grupo de nobles protestantes arrojó a tres funcionarios católicos desde una ventana del castillo de Praga. Entonces comenzó la guerra de los Treinta Años y en la batalla de la Montaña Blanca se produjo la derrota protestante en 1620. Praga siguió bajo el dominio de los Habsburgo durante los 300 años siguientes y fue relegada de capital imperial a ciudad de provincias.

Carlos IV y la primera piedra del puente

Hitos históricos

Siglo IX
Fundación de Praga, con los primeros emplazamientos construidos en la colina de Vyšehrad.

1348
El rey de Bohemia Carlos IV se convierte en emperador del Sacro Imperio Romano Germánico y Praga en capital.

1415
El predicador radical bohemio Jan Hus es quemado en la hoguera, lo que da lugar a décadas de guerra religiosa.

1618
La defenestración del castillo de Praga desempeña un papel clave en el origen de la guerra de los Treinta Años, que diezma Praga.

1620
Los Habsburgo ganan la batalla de la Montaña Blanca, cerca del actual aeropuerto. Fin de la relevancia de Praga dentro del Sacro Imperio Romano Germánico.

1918

Al final de la Primera Guerra Mundial se funda la República Checoslovaca independiente, cuyo primer presidente es Tomáš Masaryk.

1939-1945

Los nazis invaden y ocupan Praga durante la Segunda Guerra Mundial.

1948

El Partido Comunista de Checoslovaquia da un golpe de Estado.

1968

Las reformas liberales de la Primavera de Praga son aplastadas por la invasión liderada por la Unión Soviética.

1989

La Revolución de Terciopelo liderada por los estudiantes contribuye a la caída del Gobierno comunista.

2022-actualidad

Los checos acogen a cientos de miles de refugiados ucranianos que huyen de la guerra con Rusia.

Resurgimiento nacional

Las cosas empeorarían antes de mejorar. El resto del siglo XVII fue testigo de la peste y de un gran incendio en 1689. Los Habsburgo aprovecharon la ocasión para reconstruir la ciudad en estilo barroco. En esta época se construyeron grandes edificios, jardines e iglesias, como el Teatro Nacional y el Clementinum. La ciudad se convirtió en un centro de industrialización con una población que se duplicó en el siglo XVIII y seguiría creciendo. En 1784 las cuatro zonas de Praga (Staré Město, Nové Město, Malá Strana y Hradčany) se fusionaron en una sola ciudad unificada. A medida que Praga se expandía, también lo hacía la idea colectiva de una identidad "checa" entre todos los estratos de la sociedad. La población se rebeló en 1848 y, aunque fue rápida y brutalmente reprimida, los Habsburgo empezaron a relajarse en las décadas siguientes, lo que permitió al pueblo checo redescubrir su historia y su cultura.

Checoslovaquia y la Segunda Guerra Mundial

Tras la caída del Imperio austrohúngaro en 1918, se fundó un Estado checo y eslovaco independiente (Checoslovaquia), con Praga como capital. Al principio, el nuevo país prosperó económica y culturalmente bajo la dirección del presidente Tomáš Masaryk, pero la Gran Depresión y el ascenso de

El líder nazi Adolf Hitler se reúne con un grupo de estudiantes alemanes en Praga

El presidente Petr Pavel con el presidente alemán Frank-Walter Steinmeier

Adolf Hitler frenaron su crecimiento. Solo 20 años después de su fundación Checoslovaquia fue entregada a la Alemania nazi en el marco del Tratado de Múnich. En marzo de 1939 Praga fue ocupada por los nazis. La ciudad sufrió mucho durante la Segunda Guerra Mundial, tanto por la persecución nazi a los ciudadanos, especialmente la población judía (que nunca se ha recuperado), como por varios bombardeos aliados. En mayo de 1945 Praga fue liberada tras un levantamiento de toda la ciudad y la llegada del Ejército Rojo soviético.

Comunismo y libertad
En las primeras elecciones libres tras la guerra, celebradas en 1946, el Partido Comunista de Checoslovaquia obtuvo el apoyo mayoritario de una población cansada de la guerra. Tal vez alentados por ello, los comunistas consolidaron el poder mediante un golpe de Estado y Praga permaneció bajo la influencia soviética durante las cuatro décadas siguientes. En los primeros años se impuso una dictadura de estilo soviético, pero en la década de 1960 se gestó un cambio, que fructificó en 1968, cuando el líder comunista Alexander Dubček introdujo una serie de reformas liberales conocidas como la Primavera de Praga. El movimiento fue brutalmente aplastado por una invasión militar masiva dirigida por los soviéticos el 21 de agosto de 1968. El duro régimen que siguió se conoce como el periodo de normalización y dio lugar a un movimiento disidente clandestino de escritores, actores e intelectuales que más tarde encabezaron la Revolución de Terciopelo en 1989. Tras semanas de protestas en todo el país, los comunistas cayeron ante la presión pública y el dramaturgo Václav Havel se convirtió en presidente.

Praga en la actualidad
Los primeros años de la transición poscomunista estuvieron marcados por grandes cambios políticos y económicos hacia el capitalismo, y la división pacífica de Checoslovaquia en dos Estados el 1 de enero de 1993. La República Checa se integró gradualmente en Europa, ingresó en la OTAN en 1999 y en la Unión Europea en 2004. Praga se ha convertido también en uno de los mayores destinos turísticos de Europa y en una de sus ciudades históricas más célebres, gracias a la conservación de su impresionante arquitectura medieval. En la última década el país se ha visto cada vez más dividido por la inmigración y se ha enfrentado a problemas clave relacionados con la elevada inflación y el cambio climático. En diciembre de 2023 la ciudad se vio conmocionada por un tiroteo masivo que dejó 14 muertos y numerosos heridos. Praga ha afrontado estos retos con decisión, endureciendo las leyes sobre armas e introduciendo soluciones climáticas. Y lo que es más importante, sigue siendo una ciudad abierta, como demuestran los cerca de 500.000 refugiados ucranianos que Praga ha acogido desde 2022.

TOP 10
EXPERIENCIAS

Esta guía ayuda a organizar el viaje perfecto tanto para los que visitan Praga por primera vez como para los que repiten. Para aprovechar el tiempo al máximo y disfrutar de lo mejor que esta fascinante capital centroeuropea puede ofrecer, no hay que olvidar añadir estas experiencias a la visita.

1 Admirar joyas arquitectónicas

En lo que a edificios de asombrosa belleza se refiere, Praga tiene una gran riqueza. El ayuntamiento de la Ciudad Vieja (p. 30) con su reloj astronómico, la magnífica iglesia de San Nicolás (p. 98) o la obra maestra barroca que es el castillo de Praga (p. 22).

2 Disfrutar de excelentes eventos culturales

La música clásica es el alma de Praga, y las representaciones de ópera y teatro son del más alto nivel (a precios asequibles). No hay que perderse los prestigiosos espectáculos del Teatro Nacional (p. 120) o los conciertos del Rudolfinum (p. 73) y la Sala Smetana de la Casa Municipal (p. 89).

3 Degustar la mejor cerveza

Basta con probar la cerveza checa para comprender por qué la República Checa es el país donde más se consume cerveza del mundo: es extraordinaria. Vale la pena tomarse una pinta de la apreciada cerveza local, Pilsner Urquell, o buscar otras como Únětice, Budvar y la popular Staropramen de Praga.

4 Maravillarse con las vistas

El centro histórico de Praga está rodeado por colinas que ofrecen impresionantes vistas de las estilizadas torres, cúpulas y puentes de la ciudad. Las vistas panorámicas desde las cimas del parque Letná (p. 128), el monasterio Strahov o la colina Petřín (p. 46) son emblemáticas.

5 Comer como un rey
Abundante y deliciosa, la comida checa es sinónimo de sabores y texturas. Hay que probar el *goulash* (estofado con pimentón), el *svíčková* (ternera asada en salsa) y también el plato nacional: el cerdo asado con sabrosas albóndigas en salsa.

6 Pasear por los jardines
Escondidos tras los muros o flanqueando palacios, los jardines históricos de Praga son un oasis de tranquilidad, como los jardines barrocos del castillo de Praga *(p. 67)*, el jardín renacentista Wallenstein *(p. 83)* y el jardín ornamental Vrtba *(p. 99)*, con tres niveles.

7 Asistir a un partido de hockey sobre hielo
Muchos checos viven la frenética emoción del hockey sobre hielo, el deporte nacional. Se puede ver a los mejores jugadores en acción en el O2 Arena, donde los equipos visitantes se enfrentan al HC Sparta Praha.

8 Probar un café con tarta deliciosos
La cultura del café de Praga está a la altura de París y Viena. Nada como tomarse un capuchino en el Café Slavia *(p. 94)* o un expreso en el Café Louvre *(p. 124)*, y acompañarlos con *strudel* de manzana, tortitas o tarta de miel *(medovník)*.

9 Contemplar arte insólito
Praga alberga obras artísticas singulares. El caballo colgante *(p. 68)* y la cabeza giratoria de Kafka del artista local David Černý merecen una visita, mientras que la misteriosa estatua sin cabeza de Jaroslav Róna es una rareza que deja sin aliento.

10 Descubrir la historia comunista
Un paseo por el monumento conmemorativo de la colina Petřín y la torre de televisión de Žižkov *(p. 128)* ofrece una introducción a la historia comunista. El Museo del Comunismo *(p. 122)* explica los años de la dictadura.

ITINERARIOS

Pasear por la plaza de la Ciudad Vieja, disfrutar de una cerveza en un *pub* local, visitar el antiguo castillo de Praga y una amplia oferta para comer, beber o simplemente disfrutar de las vistas es lo que ofrecen estos itinerarios de 2 y 4 días que ayudan a aprovechar al máximo la visita a Praga.

2 DÍAS

Día 1

Mañana

Es una buena idea comenzar el recorrido en la **Casa Municipal** de estilo *art nouveau* (*Obecní dům, p. 89*) y en la medieval **torre de la Pólvora** (*p. 89*), donde los reyes de Bohemia iniciaban su Ruta Real hacia el **castillo de Praga.** Sigue sus pasos a través de la puerta, bajando por la calle Celetná, con sus numerosas tiendas y cafés, hasta llegar a la **plaza de la Ciudad Vieja** (*p. 28*). Aquí puedes apreciar la variada arquitectura del **ayuntamiento de la Ciudad Vieja,** la **iglesia de Nuestra Señora de Týn** y el **reloj astronómico,** con la talla de los 12 apóstoles.

Tarde

Siguiendo el río Moldava llegas a la torre astronómica del **Clementinum** (*p. 90*), un antiguo colegio jesuita. Puedes subir y disfrutar de unas impresionantes vistas del **puente de Carlos IV** (*p. 32*) antes de

> ☕ **BEBER**
> Siempre hay un *pub* cerca en el centro de la ciudad. U Fleků (*p. 124*) y Pivovar Národní (*pivovarnarodni.cz*) son buenas opciones tanto para tomar una cerveza como para comer.

hacer una parada para un abundante almuerzo y una Pilsner en **V Zátiší** (*p. 95*). Después, es hora de pasear hasta las dos sedes del **Museo Nacional** (*p. 44*), en lo alto de la inmensa **plaza de Wenceslao** (*p. 42*). Puedes pasar la tarde explorando la historia, la ciencia y las exposiciones infantiles tanto en el bello edificio principal como en el anexo, que están comunicados por un túnel. Termina tu primer día con sabrosos platos checos en el **Restaurace Bredovský dvůr** (*p. 125*).

Calles cargadas de historia en el centro de Staré Město

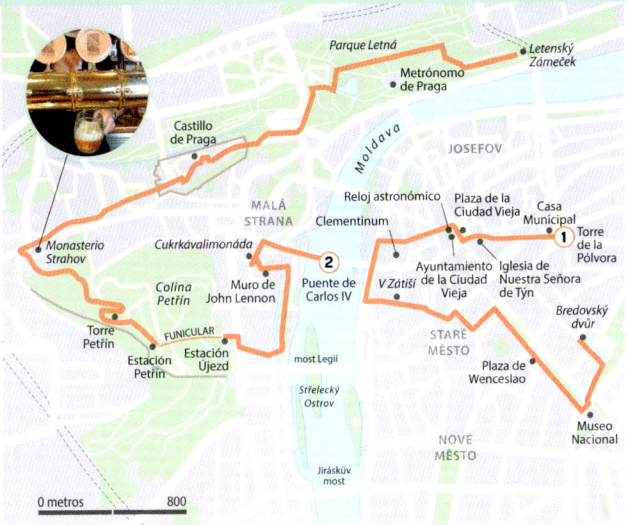

Día 2

Mañana

Te espera la otra orilla del río. Es aconsejable que te levantes temprano para cruzar el emblemático **puente de Carlos IV** (p. 32) y evitar multitudes. Ya en el otro lado, tómate un café en **Cukrkávalimonáda** (p. 102) y pasea por las tranquilas calles de Mála Strana. Si te gustan los Beatles, puedes visitar el **muro de John Lennon,** cubierto de grafitis (p. 82). Deja atrás las calles de la ciudad y sube en funicular a la verde **colina Petřín** (p. 46), uno de los parques más grandes de Praga, que alberga bosques, hermosos jardines y un laberinto de espejos. No te pierdas las espectaculares vistas de Staré Město.

Tarde

En la cervecería del **monasterio Strahov** (p. 108) puedes almorzar antes

de dirigirte a la catedral de San Vito y los monumentos históricos que conforman el **castillo de Praga** (p. 22), como la basílica de San Jorge, el palacio Lobkowicz y el callejón del Oro. Dedica todo el tiempo que necesites a emparte de su historia antes de llegar al **parque Letná** (p. 128). En Letná se encuentra el imponente **metrónomo** (p. 52), el mayor del mundo en funcionamiento, y el restaurante **Letenský zámeček** (letenskyzamecek. cz), en el extremo oriental del parque. Es el lugar perfecto para disfrutar de una comida y una merecida copa al atardecer.

> 📷 **VISTAS**
> No hace falta pagar por subir a la Torre Petřín, la vista es igual de buena desde los senderos que salen de la torre hacia el castillo de Praga y el monasterio Strahov.

Cervecería con vistas en Letenský zámeček

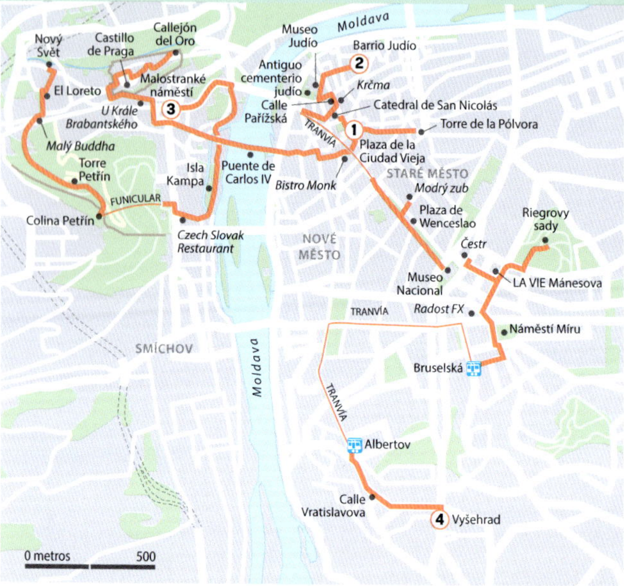

Mapa de recorrido por Praga con puntos señalados:

- Nový Svět
- Castillo de Praga
- Callejón del Oro
- Malostranké náměstí
- El Loreto
- U Krále Brabantského
- Malý Buddha
- Torre Petřín
- Colina Petřín
- FUNICULAR
- Isla Kampa
- Puente de Carlos IV
- Czech Slovak Restaurant
- Museo Judío
- Barrio Judío **②**
- Antiguo cementerio judío
- Calle Pařížská
- Krčma
- Catedral de San Nicolás
- Torre de la Pólvora
- Plaza de la Ciudad Vieja **①**
- Bistro Monk
- Modrý zub
- Plaza de Wenceslao
- Čestr
- Riegrovy sady
- LA VIE Mánesova
- Náměstí Míru
- Museo Nacional
- Radost FX
- Bruselská
- Albertov
- Calle Vratislavova
- Vyšehrad **④**
- Moldava
- STARÉ MĚSTO
- NOVÉ MĚSTO
- SMÍCHOV
- TRANVÍA

0 metros — 500

4 DÍAS

Día 1

Hay pocos lugares mejores para comenzar a explorar Praga que Staré Město. Contempla la variada arquitectura en las calles que rodean la **plaza de la Ciudad Vieja** (p. 28): la **torre de la Pólvora,** de estilo gótico medieval (p. 89), la **Casa Municipal,** art nouveau (p. 89), y la **catedral barroca de San Nicolás** (p. 90). Empápate del ambiente de la plaza con un almuerzo a base de productos frescos en el **Bistro Monk** (p. 95) antes de dirigirte por la tarde al **castillo de Praga** (p. 22), cruzando el emblemático **puente de Carlos IV** (p. 32). Puedes visitar la exposición

COMER
No hay que pasar por alto los restaurantes de los alrededores de la plaza de la Ciudad Vieja. Como 420 (420restaurant.cz), dirigido por Radek Kašpárek, con una estrella Michelin.

Reloj astronómico medieval en el ayuntamiento de la Ciudad Vieja

"La historia del castillo de Praga" y, a continuación, acercarte a otros lugares del castillo, como el **callejón del Oro.** Termina tu viaje por la historia cenando en el restaurante de estilo medieval **U Krále Brabantského** (p. 109).

Día 2

Dedica la mañana a Josefov, el **Barrio Judío,** empezando por los siete espacios

del **Museo Judío** (*p. 36*). El **antiguo
cementerio judío** (*p. 113*) revela la
cultura y la historia judías. Puedes hacer
una pausa entre visita y visita en las
tiendas de la **calle Pařížská**, y luego
disfrutar de un almuerzo con platos
clásicos de Bohemia en **Krčma** (*p. 117*).
Si tomas el tranvía A en Staroměstská
Můstek, das un salto en el tiempo
cuando llegas a la **plaza de Wenceslao**
(*p. 42*), en Nové Město. Admira los
palacios modernistas que rodean la
plaza y luego dirígete al **Museo Nacional**
(*p. 44*), que alberga exposiciones
variadas, desde los minerales hasta el
comunismo. Antes de irte, fíjate en los
increíbles frescos del vestíbulo. Puedes
terminar el día con un plato tailandés
en **Modrý zub** (*p. 125*) y una copa en uno
de los excelentes bares que rodean la
plaza de Wenceslao.

Día 3

Es el momento de descubrir el lado más
verde de Praga. Empieza por la extensa
plaza **Malostranské Náměstí**, con sus
bellos soportales palaciegos y la
fabulosa iglesia barroca de San Nicolás
(*p. 98*). Desde aquí puedes dar un paseo
por el parque de la **isla Kampa** (*p. 98*),
junto al río Moldava, con inquietantes
esculturas de bebés sin rostro. Es muy
aconsejable hacer una parada en el
Czech Slovak Restaurant (*p. 103*) para
disfrutar de un almuerzo de cocina
checa moderna. Luego toma el funicular
hasta la cima de la **colina Petřín** (*p. 46*)
para pasar la tarde en este gran parque
arbolado. Vale la pena subir los
299 escalones de la **Torre Petřín** (una
copia de la Torre Eiffel) por las insupe-
rables vistas de Praga. Después, hacia
el norte, está **El Loreto** (*p. 34*), donde
puedes degustar una magnífica cocina

asiática en el restaurante vegano **Malý
Buddha** (*p. 109*), antes de dar un paseo
por la tranquila **Nový Svět** (*p. 106*).

Día 4

Disponte a conocer los rincones menos
visitados de Praga. Toma la línea C del
metro hasta **Vyšehrad** (*p. 127*), una
fortaleza que se cree que fue la antigua
sede de los príncipes checos. Dirígete a
la rotonda y al cementerio, donde están
enterrados más de 600 famosos checos,
antes de bajar por la **calle Vratislavova**
para admirar las casas cubistas. Es
buena idea tomar el tranvía 5 desde
Albertov hasta **Bruselská** y almorzar
tranquilamente en **LA VIE Mánesova**
(*tekutemaso.cz*). Puedes dedicar la tarde
a explorar las tiendas de la frondosa
Náměstí Míru y Vinohrady. Cuando el
sol empiece a ocultarse, camina hasta el
parque **Riegrovy sady;** si tienes suerte,
habrá una hermosa puesta de sol sobre
el valle. Puedes cenar en el ahumadero
de carne **Čestr** (*p. 125*) y luego salir de
fiesta en **Radost FX** (*p. 123*).

**Escaleras centenarias
hacia Novy Svet**

TOP 10 PRAGA

Plaza de la Ciudad Vieja

LO ESENCIAL DE
PRAGA

Praga cuenta con algunos lugares que no debes perderte. Descubre en las páginas siguientes por qué cada uno de ellos es una visita obligada.

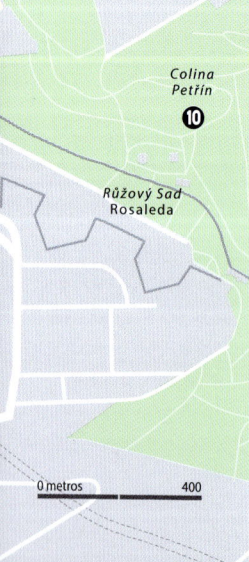

❶ Castillo de Praga

❷ Catedral de San Vito

❸ Plaza de la Ciudad Vieja

❹ Puente de Carlos IV

❺ El Loreto

❻ Museo Judío

❼ Convento de Santa Inés de Bohemia

❽ Plaza de Wenceslao

❾ Museo Nacional

❿ Colina Petřín

KORUNOVAČNÍ

VELETRŽNÍ

HEŘMANOVA ❼

MILADY HORÁKOVÉ

MILADY HORÁKOVÉ

LETOHRADSKÁ

KOSTELNÍ

Letenské sady
Parque Letná

NÁBŘEŽÍ EDVARDA BENEŠE

Švermův
most

Čechův
most

NA FRANTIŠKU

NÁBŘEŽÍ LUDVÍKA SVOBODY

REVOLUČNÍ

BARVÍŘSKÁ

U MILOSRDNÝCH

17. LISTOPADU

JOSEFOV

HAŠTALSKÁ

PETRSKÁ

Moldava

PAŘÍŽSKÁ

KOZÍ

DLOUHÁ

DLOUHÁ

❻

NÁMĚSTÍ JANA
PALACHA

DLOUHÁ

KŘIŽOVNICKÁ

PLATNÉŘSKÁ

❸

KŘIŽOVNICKÉ
NÁMĚSTÍ

MALÉ
NÁMĚSTÍ

**STARÉ
MĚSTO**

ANENSKÉ
NÁMĚSTÍ

NA PŘÍKOPĚ

SENOVÁŽNÉ
NÁMĚSTÍ

SMETANOVO NÁBŘEŽÍ

BETLÉMSKÉ
NÁMĚSTÍ

PERLOVÁ

28. ŘÍJNA

❽

JINDŘIŠSKÁ

OPLETALOVA

*Vrchlického
sady*

JUNGMANNOVO
NÁMĚSTÍ

POLITICKÝCH

NÁRODNÍ

SPÁLENÁ

OPLETALOVA

VĚZŇŮ

WASHINGTONOVA

WILSONOVA

NÁBŘEŽÍ

PŠTROSSOVA

SPÁLENÁ

❾

*Čelakovského
sady*

MASARYKOVO

NA ZDERAZE

MEZIBRANSKÁ

RUBEŠOVA

ANGLICKÁ

KARLOVO
NÁMĚSTÍ

CASTILLO DE PRAGA

📍 C2　🏛 Hradčany　🕐 9.00-17.00 diario　🌐 hrad.cz　♿

El castillo de Praga (*Pražsky Hrad*) es el trono simbólico e histórico de las tierras checas. En torno al año 880, el príncipe Bořivoj construyó una fortaleza de madera en la cima de la colina y fundó la dinastía Přemyslita. En el siglo XIV el castillo pasó a ser sede del Sacro Imperio Romano Germánico. La emperatriz María Teresa reconstruyó buena parte del castillo en el siglo XVIII. Hoy es la residencia oficial del presidente checo.

1 Antiguo Palacio Real

Sobre el lugar en el que el príncipe Bořivoj levantó un edificio de madera se construyeron sucesivas residencias bajo los gustos de los gobernantes (*p. 25*).

2 Jardines sur

A finales del siglo XVI Fernando I suavizó la sobriedad de la fortificación con algunos jardines; el arquitecto de la I República Josip Plečnik diseñó los senderos y grutas.

3 Torre Blanca

La torre Blanca se utilizó como prisión. Hoy

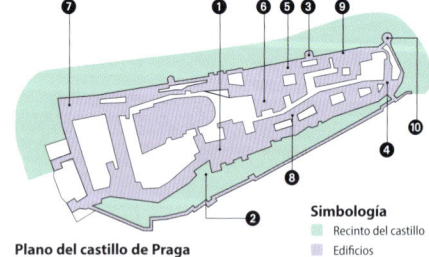

Plano del castillo de Praga

Simbología
- 🟩 Recinto del castillo
- 🟪 Edificios

hay aquí tiendas de recuerdos. En las pasarelas desde donde se vigilaba el foso se ven reproducciones de armas.

4 Palacio Lobkowicz

Es el único edificio de propiedad privada del complejo y rivaliza con la Galería Nacional, pues alberga obras de Bruegel, Canaletto, Durero, Rubens y Velázquez.

5 Convento de San Jorge

El príncipe Boleslav II con la princesa Mlada

Castillo de Praga sobre el Moldava

cerrada, pero aún se pueden admirar las estatuas de san Pedro y san Pablo de la fachada.

8 Palacio Rosenberg

Este palacio del siglo XVI ha tenido múltiples usos: residencia para mujeres de la nobleza, parte del Ministerio del Interior, en el siglo XVIII, y oficinas presidenciales en la actualidad.

9 Callejón del Oro

Para no pagar tasas gremiales, los orfebres vivían en estas vistosas casitas.

10 Torre Daliborka

Dalibor, un Robin Hood checo, fue capturado y se convirtió en el primer prisionero en ocupar la torre que hoy lleva su nombre.

En el sentido de las agujas del reloj, desde la derecha **Fresco de la basílica de San Jorge; escudos de armas en las paredes del antiguo Palacio Real; coloridas casas del callejón del Oro**

establecieron aquí el primer convento checo en el año 973, para monjas benedictinas.

6 Basílica de San Jorge

El príncipe Vratislav hizo construir la basílica en el año 920. La capilla de Santa Ludmila está decorada con pinturas del siglo XVI, momento de su construcción.

7 Capilla de la Santa Cruz

Construida en 1763 por el arquitecto italiano Anselmo Lurago, esta capilla suele estar

GUÍA DEL CASTILLO

Se puede acceder gratuitamente a casi todo el recinto, pero las entradas para visitar el interior se venden en los centros de información de los patios 2 y 3. La entrada estándar incluye el Palacio Real, la basílica de San Jorge, la catedral de San Vito y el callejón del Oro (también la torre Daliborka). Si se paga un suplemento, se puede visitar la Gran Torre Sur y la exposición "La historia del castillo de Praga" *(p. 25)*.

Antiguo Palacio Real

Intrincadas bóvedas de crucería del salón de Vladislav

1. Salón de Vladislav
Benedikt Rejt creó una obra maestra del gótico con su bóveda. Desde la I República, los presidentes checos han sido investidos aquí en una solemne ceremonia; en un principio se utilizaba para coronaciones y torneos de justas.

2. Ala de Luis
Solo diez años y varios escalones separan el ala sur del salón principal, pero en este tiempo Rejt cambió el estilo arquitectónico gótico por el renacentista. Los nobles bohemios se reunían aquí como órgano administrativo en ausencia del rey.

3. Cancillería de Bohemia
Nobles protestantes defenestraron a dos gobernadores católicos y a su secretario, quienes sobrevivieron a la caída gracias a una pila de estiércol, o a la intervención de los ángeles, según dicen algunos. El episodio desencadenó la guerra de los Treinta Años.

4. Antiguos registros de tierras
Los blasones de las paredes corresponden a los escribanos que registraron los títulos de propiedad y las decisiones de la corte desde 1614 a 1777. Hasta el reinado de María Teresa, los libros de registro carecían de numeración y se identificaban por sus elaboradas cubiertas.

5. Escalera del Jinete
Los peldaños bajos y el techo abovedado de esta escalera realzaban la entrada de los caballeros a los espectaculares torneos de justas celebrados en el Salón de Vladislav.

6. Capilla de Todos los Santos
Desde el salón de Vladislav, una puerta conduce a un balcón que mira a la capilla de Todos los Santos. Petr Parléř la diseñó según el modelo gótico de la Sainte-Chapelle de París. Destruida por un incendio en 1541, se rehabilitó en estilo renacentista. En ella destaca el *Tríptico de los Ángeles* de Hans van Aachen.

7. Residencia Soběslav
El príncipe Sobůslav construyó el primer palacio de piedra en el siglo XII.

8. La historia del castillo de Praga
Esta divulgativa y entretenida exposición comprende la historia, los eventos, personalidades y arte relacionados con el castillo.

9. Bustos del taller de Petr Parléř
Estas impresionantes figuras se realizaron a finales del siglo XIV e incluyen el grupo escultórico de Juan de Luxemburgo, Carlos IV y Wenceslao IV.

10. La Dieta
Parlamento donde los nobles bohemios se reunían con el rey. El monarca se sentaba en el trono (el que hoy se contempla es una réplica del siglo XIX), con el arzobispo a la derecha y los aristócratas a su izquierda. De las paredes cuelgan, de izquierda a derecha, retratos de María Teresa, su esposo Francisco José II, y Francisco I que luchó contra Napoleón en Austerlitz.

LAS DEFENESTRACIONES DE PRAGA

La primera defenestración de condenados a muerte registrada en Praga se remonta a 1419, al comienzo de las guerras husitas. Los oficiales de Vladislav II corrieron la misma suerte en 1483. Tal vez como tributo a sus antepasados, más de cien nobles protestantes marcharon sobre el antiguo Palacio Real en 1618 y arrojaron por la ventana a dos gobernadores católicos y a su secretario. Los protestantes dijeron que los tres salvaron la vida al caer sobre un montón de estiércol procedente del salón de Vladislav tras un torneo, mientras que los católicos atribuyeron a los ángeles la salvación de las víctimas. Este incidente fue la chispa que hizo estallar la guerra de los Treinta Años. Tras la derrota de los protestantes por el ejército del emperador Fernando II en la primera escaramuza de la Montaña Blanca (p. 30), 27 líderes protestantes fueron condenados y ejecutados frente al ayuntamiento de la Ciudad Vieja (p. 28).

Choque entre fuerzas protestantes y católicas en la Montaña Blanca

CATEDRAL DE SAN VITO

⬚ C2 ⬚ Tercer patio, castillo de Praga ⬚ Abr-oct: 9.00-17.00 lu-sá,
12.00-17.00 do; nov-mar: 9.00-16.00 diario ⬚ hatedralasvatehovita.cz ⬚

Desde su posición dominante en la colina de Hradčany, la espectacular
Katedrála svatého Víta es uno de los monumentos más significativos
de la ciudad. En un lugar de culto pagano el príncipe Wenceslao
construyó inicialmente una rotonda que dedicó a San Vito (*svatý Vít*).

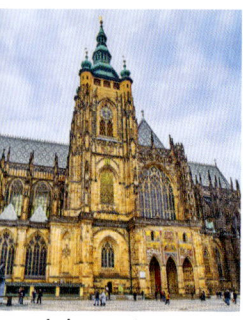

**La imponente
Gran Torre Sur**

1 Gran Torre Sur
Se identifica
fácilmente el lugar
exacto en el que las
guerras husitas
interrumpieron la
construcción de esta
torre de 96 m. Cuando se
reanudaron las obras
imperaba el estilo
renacentista, lo que
explica claramente el
capitel redondeado
sobre una base gótica.

2 Cripta real
Los grandes reyes de
Bohemia –Carlos IV,
Wenceslao IV, Rodolfo II,
entre otros– están
enterrados en una única
cámara bajo la catedral.

3 Altar mayor
Rodeado por la
capilla de San Vito y el
mausoleo de mármol de
la familia de Fernando I,
el altar mayor y el
presbiterio son de estilo
neogótico.

4 Puerta Dorada
Esta triple arcada
fue la entrada principal
de la catedral hasta que
la puerta de la fachada
oeste se terminó en el
siglo XX.

CONSEJO TOP 10

Solo se puede
acceder a la cripta
real mediante una
visita guiada.

PETR PARLÉŘ

Tras la muerte de Mathieu d'Arras, Carlos IV contrató al suabo Petr Parléř como arquitecto principal. Acometió la catedral de San Vito, el puente de Carlos IV y muchos otros monumentos góticos. Maestro de numerosos artesanos, tras su fallecimiento en 1399 sus hijos y sobrinos continuaron su labor.

Tumba de san Wenceslao, capilla de San Wenceslao

5 Joyas de la Corona bohemia

Aunque tal vez haya lugares más seguros para albergar las joyas de la Corona y el cetro de Bohemia, se dice que la sala de la Coronación está custodiada por el espíritu del santo.

6 Tumba de san Juan Nepomuceno

La plata utilizada en esta tumba de 1.680 kilos procede de las minas del pueblo de Kutná Hora; en el flanco izquierdo del sepulcro aparecen tallas de los mineros.

7 Nueva capilla del Arzobispo

El artista checo Alfons Mucha creó la ventana *art nouveau* que representa a santos eslavos. Pese a las

Interior neogótico de la catedral

apariencias, no se trata de una vidriera, el cristal está pintado.

8 Segismundo

La campana de 18 toneladas de la torre central, popularmente conocida como Segismundo, es la más grande del país y data de 1549. Se necesitan cuatro personas para tañerla en festividades religiosas y otros actos.

9 Oratorio real

La realeza cruzaba el puente que conecta el Palacio Real *(p. 22)* con esta galería privada para asistir a misa. El blasón representa todos los países bajo el reinado de Vladislav II.

10 Capilla de San Wenceslao

Esta capilla fue construida sobre el emplazamiento de la primitiva

rotonda de San Vito y contiene el sepulcro de san Wenceslao. Los frescos de la pasión de Cristo, en la parte inferior del altar, están rodeados por 1.300 piedras semipreciosas. Vladislav II encargó las pinturas que ilustran la vida del santo para celebrar la coronación de su hijo Ludovico.

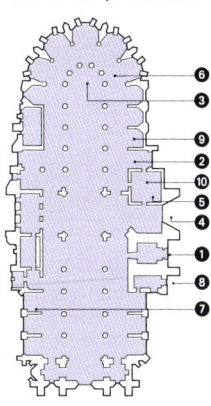

Plano de la catedral de San Vito

PLAZA DE LA CIUDAD VIEJA

📍 M3 🏛 Staré Město

La plaza de la Ciudad Vieja (*Staroměstské náměstí*) es el corazón de Praga. En 1338 Juan de Luxemburgo autorizó a los burgueses el establecimiento de un concejo municipal, que dio lugar al ayuntamiento de la Ciudad Vieja. Hoy la plaza tiene mucha animación, con cafés frente a pintorescas fachadas.

1 Dům u Minuty

La casa del Minuto probablemente toma su nombre de los grafitos de la fachada. Los símbolos alquímicos que ostenta la Staroměstské náměstí nº 2 datan de 1610. Kafka vivió de niño en la casa blanquinegra, desde 1889 hasta 1896 (*p. 56*).

2 Casa de la Campana de Piedra

La fachada gótica de esta casa no se descubrió hasta 1980 con motivo de unas obras. En la esquina suroeste del edificio barroco se halla la campana que da nombre a la casa. Alberga la Galería Municipal, que presenta exposiciones temporales.

3 Iglesia de Nuestra Señora de Týn

Este edificio gótico era en su origen un humilde templo para los

Grafito imponente en Dům u Minuty

La popular plaza de la Ciudad Vieja

5 Monumento a Jan Hus

Hus fue quemado en la hoguera en 1415 por sus ideas reformistas. La inscripción bajo su figura, de 1915, reza: "La verdad prevalecerá".

6 Columna mariana

Cuando se declaró la independencia de Checoslovaquia en 1918, esta columna fue derribada por las masas, pues recordaba a la dinastía de los Habsburgo. Se reconstruyó en 2020.

7 Ungelt

En el patio trasero de la iglesia de Týn residían mercaderes extranjeros en el siglo XIV; hoy acoge elegantes *boutiques* y cafés.

8 Palacio Kinsky

Este palacete rococó acoge exhibiciones temporales de la Galería Nacional (p. 122). En otro tiempo estuvo aquí la tienda de ropa del padre de Franz Kafka, Hermann.

9 Malé náměstí

La ornamentada fuente en el centro de la plaza sirve también como monumento a los fallecidos por la peste. Los elaborados murales de artesanos que adornan la fachada de la Casa Rott son obra de

Monumento a Jan Hus en la plaza

JAN HUS

Jan Hus, rector de la Universidad de Praga, dedicó su vida a la lucha contra la corrupción de la Iglesia. Declarado hereje, fue quemado en la hoguera. Su muerte hizo estallar una guerra civil en la que los rebeldes husitas se enfrentaron a Roma. Los husitas se dividieron en dos facciones, moderada y radical. Hus sigue siendo héroe nacional y el 6 de julio, fecha de su muerte, es día festivo.

Mikoláš Aleš. Desde el siglo XIX hasta la década de 1990 fue una ferretería.

10 Casa Štorch

En el número 16 de Staroměstské náměstí, lo más interesante son los cuadros *art nouveau* de san Wenceslao (patrón de Bohemia) y los Reyes Magos.

residentes del distrito comercial (*týn*) en el siglo XIV (p. 51). Conforme a las costumbres arquitectónicas de la época, la torre sur es más voluminosa que la torre norte y se dice que representan a Adán y Eva.

4 Catedral de San Nicolás

Praga posee dos iglesias barrocas de San Nicolás, ambas obras de Kilián Ignác Dientzenhofer. El arquitecto terminó el templo de Staré Město, hoy llamado catedral, dos años antes de iniciar el de Malá Strana (p. 96). Merece la pena acudir a los conciertos programados.

Ayuntamiento de la Ciudad Vieja

Escalera que conduce al reloj astronómico

1. Reloj astronómico
Durante el día, las campanas repican, los gallos cantan y los autómatas del siglo XV bailan a las horas en punto mientras el visitante admira la escena.

2. Apóstoles
El artista de marionetas Vojtěch Sucharda talló las 12 figuras de madera que salen cada hora en procesión del reloj –réplica de las destrozadas por la artillería alemana en 1945–.

3. Casa Municipal
Este fue en su día el punto central del edificio, donde se discutían todos los asuntos más importantes relativos a la administración de la Staré Město de Praga.

4. Monumento a Dukla
Tras una placa de bronce con el año 1944 hay un recipiente con tierra traída del campo de batalla de Dukla. La artillería alemana ejecutó a 70.000 soldados del Ejército Rojo en este puerto de montaña eslovaco, en uno de los hechos más lamentables de la Segunda Guerra Mundial.

5. Monumento a la Montaña Blanca
En la acera de la fachada este del ayuntamiento hay 27 cruces en memoria de los nobles bohemios que fueron ejecutados aquí tras la guerra de los Treinta Años. Tras la batalla de la Montaña Blanca *(p. 9)*, los líderes fueron ahorcados o decapitados en público.

6. Capilla gótica
La pequeña capilla contigua a la casa del alcalde se consagró en 1381 en honor a los santos Wenceslao, Vito y Ludmila. La enseña de Wenceslao IV y la inicial de su esposa Eufemia adornan el pórtico de entrada. En la nave se halla una maqueta de la columna mariana *(p. 29)*, que se alzó en la plaza de la Ciudad Vieja hasta 1918 y se restituyó en 2020.

7. Ascensor
El ascensor que sube a la galería panorámica de la torre recibió un galardón al mejor diseño en 1999. Curiosamente, este estilo ultramoderno armoniza con el entorno de piedra; también permite el acceso en silla de ruedas, muy poco frecuente en Praga.

8. Galería panorámica
El balcón bajo el tejado del ayuntamiento ofrece al visitante una hermosa vista de la plaza y Staré Město. Conviene traer monedas: por muy poco se puede utilizar durante dos minutos el telescopio, con el que se divisa todo el valle de Praga.

9. Sótanos góticos
Los sótanos del ayuntamiento en su día fueron salas de la planta baja. La ciudad era propensa a inundaciones, por lo que el nivel de tierra se elevó y quedaron cubiertos. El espacio también sirvió de granero y prisión para deudores.

10. Parque
El ala norte del ayuntamiento de la Ciudad Vieja sufrió daños graves en los combates urbanos entre alemanes y checos durante la Segunda Guerra Mundial. Acabada la guerra, el ala se demolió. Hoy en la zona hay bancos donde descansar del bullicio.

CONSTRUCCIÓN DEL AYUNTAMIENTO DE LA CIUDAD VIEJA

La Staré Město de Praga obtuvo el título y las fortificaciones de la mano de Juan de Luxemburgo en 1338, pero hasta 150 años más tarde no fue dotada de ayuntamiento. A lo largo de los siglos se fueron añadiendo casas, y ahora lo componen cinco edificios ubicados en Staroměstské náměstí 1-2. El ala este se extendía casi hasta la catedral de San Nicolás *(p. 91)*, pero la artillería alemana lo redujo a escombros. La torre de 69,5 m se construyó en 1364 y el relojero imperial Mikuláš de Kadaň fabricó en 1410 el mecanismo del reloj astronómico. En 1552 Jan Táborský ocupó su puesto y en 1566 se mecanizó.

El reloj astronómico del ayuntamiento de la Ciudad Vieja

PUENTE DE CARLOS IV

📍 J4 🏛 Karlův Most

El puente de Carlos IV (*Karlův most*) ha presenciado procesiones, batallas, ejecuciones y filmaciones de películas desde su construcción entre 1357 y 1402. El arquitecto Petr Parléř construyó el viaducto gótico en sustitución del puente Judith. Lo más destacable es el conjunto de 30 estatuas; los santos y otras figuras religiosas se instalaron a partir de 1683 para que la población regresara a la iglesia. Hoy son reproducciones; los originales se custodian en museos de la ciudad.

1 Crucifijo

Este crucifijo sorprende por el origen de su inscripción. Según explica el panegírico cercano, las palabras "Santo, santo, santo es el Señor" se añadieron en 1696 y fueron costeadas por un judío acusado de profanar el símbolo de la cruz.

2 Torre del puente de la Ciudad Vieja

Esta hermosa torre gótica diseñada por Petr Parléř (*p. 27*) se construyó a finales del siglo XIV. Se pueden subir los 138 escalones hasta el mirador para disfrutar de unas sobrecogedoras vistas.

3 Cruz de Lorena

En la mitad del puente se ubica una cruz de bronce, donde el cuerpo de Juan Nepomuceno fue arrojado al río. Dicen que si se pide un deseo ante ella, se hará realidad.

4 Estatua de San Juan Nepomuceno

Según una antigua tradición, trae buena suerte palpar el relieve de bronce que muestra al santo cayendo al río; también se puede acariciar el perro contiguo.

5 Estatua de los Santos Cirilo y Metodio

Cirilo y Metodio, misioneros griegos que llevaron a tierras checas y eslovacas el cristianismo y el alfabeto glagolítico, son hoy personajes venerados. Karel Dvořák esculpió esta estatua en 1928-1938, en el despertar nacionalista que siguió a la independencia de Checoslovaquia.

6 Estatua de Bruncvík

Desde el sur del puente se aprecia la versión checa del rey Arturo. Se dice que Bruncvík, legendario

En el sentido de las agujas del reloj, desde la derecha **Escultura del Calvario con el crucifijo; estatua de San Juan Nepomuceno; relieve en bronce del martirio de san Juan Nepomuceno**

caballero bohemio, tenía una espada mágica y ayudó a un león a combatir a un dragón de siete cabezas. La leyenda asegura que regresará para salvar a la ciudad cuando lo necesite.

7 Nuestra Señora de los Lisiados
El retrato de la Virgen que cuelga de la casa ubicada

al sur del puente está vinculada a una leyenda de curaciones milagrosas. Se dice que si se ve apagarse la luz del balcón es signo de muerte inminente.

8 Estatua de Santa Lutgarda
Esta estatua de belleza intemporal, ejecutada por Matthias Braun en 1710, ilustra el sueño de una monja ciega a la que Cristo crucificado permitió besar sus llagas.

9 Torres del puente de Malá Strana
El puente de Carlos IV termina en el arco de piedra que une las dos torres del puente en Malá Strana. La de la izquierda, más pequeña y robusta, es la torre de Judith, que data del siglo XII.

El histórico puente de Carlos IV al atardecer

10 Estatua de los Trinitarios
Esta orden religiosa se fundó para rescatar prisioneros de guerra de las Cruzadas y devolver la libertad a los cristianos, de ahí el turco que custodia la celda.

CUÁNDO VISITAR EL PUENTE DE CARLOS IV

En verano –y prácticamente todo el año– el puente está intransitable debido a la aglomeración de artistas, visitantes y alguna banda de música. Conviene llegar muy temprano, cuando el sol se alza sobre la torre del puente de la Ciudad Vieja. Un paseo nocturno también ofrece vistas espectaculares de la catedral iluminada y del castillo.

EL LORETO

📍 B2 🏛 Loretánské náměstí 7 🕐 10.00–17.00 diario 🌐 loreta.cz

El corazón de este centro de peregrinaje, brillante construcción barroca del siglo XVII, es el motivo de su fama y su más preciado tesoro: la réplica de la Santa Casa de Loreto (Italia), supuesta vivienda donde la Virgen María recibió el anuncio de la Encarnación. La construcción de la iglesia y las capillas circundantes coincidió con la Contrarreforma; la intención del templo –uno de los principales edificios barrocos– era que los checos abrazaran de nuevo la fe católica.

1 Loretánské náměstí
Se dice que esta plaza fue un cementerio pagano. La fachada de estuco de El Loreto se ve empequeñecida por la mole del palacio Cernín, situado enfrente y sede del Ministerio de Asuntos Exteriores.

2 Santa Casa
Los relieves de escayola que ornan la fachada de esta réplica de la casa de la Sagrada Familia de Nazaret ilustran la vida de María. Dentro se halla la milagrosa estatua de Nuestra Señora de Loreto.

3 Campanario
El carillón fue donado por un comerciante de Praga cuya hija sanó por intercesión de Nuestra Señora de Loreto.

4 Patio interior
Desde este patio se pueden admirar dos fuentes barrocas. La septentrional muestra una escultura de la Resurrección;

Hermosos frescos de la iglesia

Plano de El Loreto

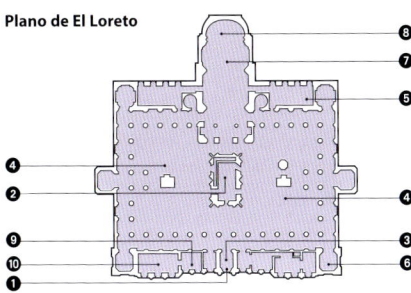

Complejo barroco de El Loreto

la meridional ilustra la Asunción de la Virgen María.

5 Soportales
Al visitar la Santa Casa, los peregrinos solían atravesar los soportales y rezar en las capillas de Santa Ana, San Francisco Serafín, la Sagrada Familia, la Santa Cruz, San Antonio de Padua y Nuestra Señora de los Dolores.

6 Altar de Santa Wilgifortis
La capilla de Nuestra Señora de los Dolores acoge el altar de una mujer barbuda crucificada. Se dice que Wilgifortis fue una doncella que rezaba para obtener apariencia masculina con el fin de preservar la castidad.

7 Iglesia de la Natividad
Primitivamente una pequeña alcoba a

espaldas de la Santa Casa, la iglesia se amplió al tamaño actual en 1717. El órgano rococó se halla frente al altar, sobre la cripta de los mecenas de El Loreto.

8 Altares de los Santos Felicissimus y Marcia
A ambos lados del altar de la iglesia de la Natividad se ubican relicarios que custodian los restos de estos santos españoles.

9 El Sol de Praga
Esta custodia de plata para exhibir la sagrada forma, obra de Johann Bernard Fischer von Erlach en 1699, está bañada en oro y tiene

incrustados 6.222 diamantes. La Virgen mira a su Hijo, representado en la Sagrada Forma.

10 Tesoro
El régimen comunista organizó esta muestra de piezas sacras para mostrar cómo la iglesia papal llevaba a los campesinos a la obediencia con la "promesa barata de felicidad más allá de la tumba".

SANTA CASA

La Santa Casa era la vivienda de Nazaret en la que se cree que el arcángel Gabriel anunció a María que iba a concebir al Hijo de Dios. En el siglo XIII, la familia griega Angeli trasladó la casa a Loreto (Italia). Conforme se extendía el culto mariano surgieron réplicas de El Loreto por toda Europa; la construcción de Praga del siglo XVII es la representación más fiel de la estructura original.

El Sol de Praga con diamantes

MUSEO JUDÍO

w jewishmuseum.cz ◈

El magnífico Museo Judío de Praga no solo ocupa un edificio. Se distribuye en cuatro sinagogas, el antiguo cementerio judío, la sala de Ceremonias y la Galería Robert Guttmann. Una entrada única da acceso a todos los lugares, disponible en el centro de visitantes o en línea. Aunque formalmente no forma parte del museo, la entrada incluye la sinagoga Staronová, la más antigua de Europa que se conserva.

1 Centro de visitantes

◉ Maiselova 38/15
◷ Nov-mar: los horarios varían, consultar la página web

La visita comienza en el centro de visitantes, que ofrece información sobre las sedes del museo, así como sobre opciones de entradas y reservas.

2 Sinagoga Klausen

La sinagoga más grande del museo (p. 114) se construyó en estilo barroco en 1694 y alberga exposiciones centradas en las tradiciones y la cultura judías, que incluyen rituales familiares relacionados con el nacimiento, la circuncisión y el matrimonio. La sinagoga se encuentra en obras de reconstrucción, pero se prevé la reapertura en 2028.

3 Sinagoga Pinkas

Esta estructura gótica del siglo XV (p. 114), que en su origen fue una casa de oración privada, alberga hoy las Paredes del Holocausto y una exposición igualmente emotiva que muestra los dibujos creados por los niños recluidos en el gueto nazi de Terezín (Theresienstadt) durante la Segunda Guerra Mundial.

4 Paredes del Holocausto

En el interior de la sinagoga Pinkas (p. 114), estos muros conmemorativos son un bello homenaje a las 80.000 víctimas checas y moravas del Holocausto,

ROBERT GUTTMANN

El pintor praguense Robert Guttmann (1880-1942) era tan conocido por su arte como por su aspecto excéntrico y sus ambiciosos viajes a pie por Europa. En octubre de 1941 los nazis trasladaron a Guttmann en el primer autobús al gueto judío de Łódź (Polonia), donde murió seis meses después.

cuyos restos no pudieron ser devueltos para ser enterrados.

5 Galería Robert Guttmann

Esta galería, que lleva el nombre del pintor Robert Guttmann, alberga una colección de sus obras junto con exposiciones temporales sobre la historia y la cultura judías. Más información en la página web del museo.

6 Sala de Ceremonias

La ornamentada sala de Ceremonias (p. 114) fue

El impresionante interior morisco de la sinagoga Española

en su día la sede de la Sociedad Funeraria de Praga, una institución religiosa del gueto, y muchos espacios se utilizaban para partes del proceso funerario.

7 Antiguo cementerio judío

El antiguo cementerio judío *(Starý židovský hřbitov)* era uno de los pocos lugares de enterramiento disponibles para los judíos de Praga. El espacio era tan limitado que las tumbas debían colocarse en capas cuando la parcela estaba llena. Son visibles unas 12.000 lápidas, que datan de 1439 a 1787, bajo las cuales hay miles enterradas.

8 Sinagoga Maisel

La sinagoga privada *(p. 114)* del alcalde del Barrio Judío y rico benefactor del siglo XVI, Mordechai Maisel, alberga hoy una exposición permanente sobre la historia judía en la República Checa entre los siglos X y XVIII.

9 Sinagoga Española

Ricamente decorada por dentro y por fuera, esta sinagoga *(p. 113)* de estilo morisco de mediados del siglo XIX es la adición más reciente al Barrio Judío. Alberga una continuación de la exposición de la sinagoga Maisel, con la historia de la vida judía local en los siglos XIX y XX.

10 Sinagoga Staronová

Esta sinagoga *(p. 114)* es una de las estructuras góticas más antiguas de la ciudad y sigue celebrando servicios religiosos. Destacan la silla del rabino Loew, las 12 ventanas de la nave, que evocan las 12 tribus de Israel, y el arca que guarda los rollos de la Torá.

Exterior de la sinagoga Staronová

Antiguo cementerio judío

1. Tumba de Avigdor Kara
La tumba más antigua es la de este poeta y erudito, más conocido por su testimonio sobre la matanza de 1389, a la que sobrevivió.

2. Tumba de Mordecai Maisel
Mordecai Maisel (1528-1601) fue alcalde del gueto judío bajo el reinado de Rodolfo II, y fundó la sinagoga (p. 114) que lleva su nombre.

3. Sinagoga Klausen
Mordechai Maisel encargó la construcción de la sinagoga Klausen (p. 114) en el extremo norte del cementerio. Hoy acoge exposiciones (p. 36) que explican las tradiciones y festividades hebreas.

4. Lápidas góticas
Incrustados en el muro este hay fragmentos de lápidas góticas traídas en 1866 de otro cementerio judío cercano a la calle Vladislavova. En la década de 1990 se descubrieron más tumbas en otro recinto.

5. Tumba de Hendl Bassevi
Esta tumba muy ornamentada (abajo) marca el lugar donde descansa Hendl Bassevi, la llamada reina judía. Su esposo, el alcalde Jacob Bassevi, fue nombrado caballero por Fernando II y su escudo de armas figura en la lápida de su esposa.

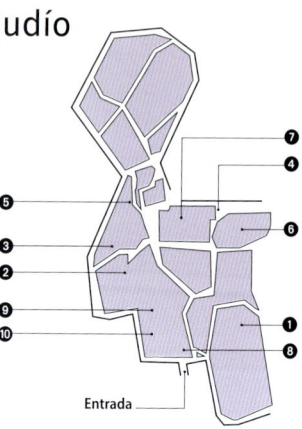

Plano del antiguo cementerio judío

Tumba de Hendl Bassevi

6. Túmulo Nephele
Los niños nacidos muertos y los que fallecían antes del año eran enterrados en el rincón suroeste del cementerio.

7. Tumba del rabino Judah Loew
Aquí se encuentra la tumba del rabino Judah Loew ben Bezalel (p. 114), a quien la leyenda atribuye la creación del Golem de Praga (p. 60).

8. Lápida de David Gans
En ella aparecen un ganso y la estrella de David, por su nombre y su religión. Discípulo de Loew, Gans (1541-1613) fue el autor de una historia en dos volúmenes de los orígenes del pueblo judío. También fue un consumado astrónomo en la época de Johannes Kepler.

9. Tumba del rabino Oppenheim
El rabino David Oppenheim fue el primer jefe de los rabinos de Moravia, más tarde lo fue de Bohemia y, finalmente, de Praga, donde murió en 1736.

10. Tumba de Zemach
Junto a la sinagoga Pinkas (p. 114) se encuentra la lápida del impresor Mordechai Zemach (m. 1592) y su hijo Bezalel (m. 1589). Mordechai fue cofundador de la Sociedad Funeraria de Praga.

LA COMUNIDAD JUDÍA DE PRAGA

La comunidad judía de Praga ha sido esencial para el desarrollo de la ciudad. Destacados judíos, como el rabino Loew (p. 114) y Mordechai Maisel, allanaron el camino para la participación judía en el resurgimiento nacionalista del siglo XIX. En el siglo XX las obras del escritor judío Franz Kafka (p. 56) alcanzaron fama mundial; hoy, el Museo Franz Kafka es uno de los mayores reclamos de la ciudad. Sin embargo, desde su llegada en el siglo X, la comunidad judía de Praga ha sido objeto de antisemitismo. Ataques devastadores como la infame matanza de Pascua de 1389 (en la que murieron 3.000 judíos) han asolado a la comunidad. La violencia ha persistido a lo largo de los siglos. En particular, el juicio en 1899 de Leopold Hilsner (un judío acusado de asesinato ritual) inició una campaña antijudía en la ciudad. El apoyo a Hilsner por parte de Tomáš Garrigue Masaryk, futuro presidente de Checoslovaquia, ayudó a influir en cierta medida en la opinión pública. En 1939, después de que los nazis ocuparan Praga, la población judía fue deportada sistemáticamente a campos de concentración. Al final de la guerra, casi 80.000 judíos de Bohemia y Moravia habían muerto en el Holocausto; la población judía de Praga nunca se ha recuperado del todo.

Antiguo gueto judío de Staré Město a principios del siglo XX

CONVENTO DE SANTA INÉS DE BOHEMIA

⊙ M1 ⌂ U Milosrdných 17 ⊙ 10.00-18.00 ma-do ⊛ ngprague.cz ⊡

El convento de Santa Inés de Bohemia *(Klášter sv. Anežky Ceské)*, del siglo XIII, es un edificio gótico vinculado a la política checa. Hija del rey checo Přemysl Otakar I, la princesa Inés en 1234 fundó un convento para la Orden de las Hermanas Pobres de Santa Clara, asociada a la Orden de San Francisco. Restaurado en la década de 1980, hoy el convento alberga la colección medieval y renacentista de la Galería Nacional.

1 Madonna de Strakonice

Esta estatua de la Virgen y el Niño, de 700 años de antigüedad, es una de las posesiones más preciadas de la Galería Nacional checa. Los gestos de la Madonna muestran una notable rigidez, y recuerda a la escultura gótica francesa de lugares como la catedral de Reims.

2 Madonna de Zbraslav

La pintura mariana más celebrada de Bohemia

recuerda a los iconos bizantinos. El anillo que la Madonna lleva en el dedo de la mano izquierda simboliza a la Iglesia a través de la unión mística entre Cristo y la Virgen María. La obra llegó al convento de Santa Inés de Bohemia desde el monasterio cisterciense de Zbraslav, donde fueron enterrados casi todos los reyes přemyslitas.

3 Retablo de Vyšší Brod

El ciclo del siglo XIV comienza con *La Anunciación,* sigue con *La Adoración de los Reyes*

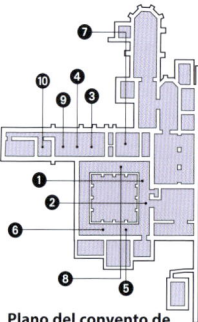

Plano del convento de Santa Inés de Bohemia

Magos y termina con *Pentecostés.* El autor de estas hermosas pinturas es anónimo.

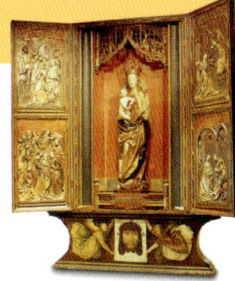

En el sentido de las agujas del reloj, desde abajo a la derecha **Exterior gótico del convento; cuadro de la *Madonna de Zbraslav*, del siglo XIV; retablo de Velhartice**

4 Obras del maestro Teodorico

Piezas de un retablo tomadas en préstamo del castillo de Karlštejn. Incluyen las pinturas de santos como *San Lucas, San Carlo Magno, Santa Catalina, San Mateo, San Ambrosio* y *San Gregorio.*

5 Retablo de Puchner

Santa Inés abandonó la vida de la corte para seguir su vocación espiritual. En este retablo del siglo XV se muestra a la santa asistiendo a los enfermos.

6 Retablo de Třeboň

Solo se han conservado tres de los cinco dípticos que conformaban el retablo de Třeboň, que data del siglo XIV.

Arte medieval de la Galería Nacional

7 Ciclo capuchino

Se desconoce el origen de estos fantásticos 14 paneles pintados. La Virgen María está flanqueada por san Pedro a la izquierda y Cristo a la derecha.

8 Retablo de Velhartice

Realizado en el sur de Bohemia hacia 1500, se trata de un inusual ejemplo de un retablo perfectamente conservado. Debajo de la Virgen, los querubines sujetan el icono.

9 *Martirio de San Florián*

Esta pintura es parte de un retablo realizado por Albrecht Altdorfer que ilustra escenas de la leyenda de san Florián. Otras piezas del conjunto se encuentran en Florencia.

10 Ciclo del Apocalipsis

Aunque a Alberto Durero (1471-1528) se le considera el mejor pintor del Renacimiento alemán, es más conocido por sus xilograbados, como este ciclo de 15 piezas de 1498, de un intenso sabor gótico.

SANTA INÉS DE BOHEMIA

Santa Inés de Bohemia fue una figura relevante en la política medieval. El papa Gregorio IX concedió a su convento privilegios especiales. Inés murió en 1282, pero su influencia perduró; en 1989 fue canonizada por Juan Pablo II y, cinco días más tarde, estalló la Revolución de Terciopelo (p. 11).

8

PLAZA DE WENCESLAO

📍 N6 🏛 Nové Město

Mercado de caballos en la Edad Media, se empezó a rehabilitar en el siglo XIX y al poco tiempo pasó a ser el corazón comercial de Praga. En 1848 fue rebautizada como plaza de Wenceslao (*Václavské náměstí*) en homenaje al santo patrón de Bohemia. Casi todos los edificios que hoy se contemplan datan de comienzos del siglo XX y tienen hermosas fachadas *art nouveau*.

1 Museo Nacional
Las tropas invasoras del Pacto de Varsovia dispararon contra este edificio neorrenacentista (*p. 44*) en 1968 al confundirlo con el Parlamento checo (todavía se pueden ver las marcas). La entrada da acceso a la escalinata de mármol del museo y al panteón de personajes ilustres de la cultura checa.

2 Estatua de San Wenceslao
En esta escultura realizada por Josef

COMER
La plaza de Wenceslao cuenta con numerosos cafés, restaurantes y tiendas en todas sus esquinas. Cualquiera de ellos ofrece una deliciosa comida.

Myslbek, el príncipe přemyslita monta un corcel flanqueado por otros santos checos. Su pedestal es un lugar de encuentro habitual.

3 Monumento comunista
Monumento en recuerdo a las víctimas del régimen comunista, entre ellas dos hombres

Imponente edificio del Museo Nacional

La animada plaza
de Wenceslao

6 Gran Hotel Evropa

Construido entre 1903 y 1906, este edificio *art nouveau* es una joya arquitectónica. El interior está cerrado por reformas, pero aún es posible maravillarse con su fachada, magníficamente conservada.

Mosaico, iglesia de Nuestra Señora de las Nieves

que murieron en la protesta contra la invasión de 1968.

4 Palác Koruna

Construido en 1912 según el modernismo geométrico, este palacio acogió oficinas, viviendas y unos baños turcos. Hoy es el centro comercial Koruna Palace, con cafés y tiendas de lujo.

5 Palác Lucerna

El abuelo del presidente Václav Havel diseñó y construyó este edificio. Hoy alberga una galería de arte, cine, cafés, tiendas y una sala de baile.

7 Estatua ecuestre del revés

En el palacio de Lucerna cuelga la imagen de san Wenceslao, santo patrón checo, de David Černy (*p. 68*).

8 Jardín franciscano

A poca distancia del ajetreo de la plaza de Wenceslao, el sosiego que ofrece este jardín de un antiguo monasterio (*p. 119*) contrasta con el bullicio urbano.

9 Iglesia de Nuestra Señora de las Nieves

Fundada por Carlos IV en 1347 con motivo de su

coronación, esta preciosa iglesia se proyectó con 100 m de altura, pero nunca llegó a completarse.

10 Refugio anticrisis

Bajo el hotel Jalta hay un búnker nuclear, construido en 1953 para altos funcionarios en el llamado estilo barroco de Stalin. Ahora forma parte del Museo de la Guerra Fría (*en.muzeum-studene-valky.cz*).

MANIFESTACIONES HISTÓRICAS

La primera manifestación tuvo lugar en 1419, cuando el reformista católico Jan Želivský encabezó una procesión hasta la iglesia de San Esteban; el 28 de octubre de 1918 la plaza fue testigo de la independencia checoslovaca; en 1969 Jan Palach se inmoló aquí como protesta contra la ocupación soviética.

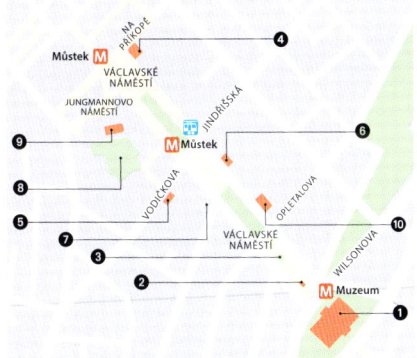

9

MUSEO NACIONAL

📍 G5 🏛 Václavské náměstí 68 🕐 10.00–18.00 diario 🌐 nm.cz 📷📹

El Museo Nacional (*Národní museum*) es uno de los edificios más notables de la ciudad con destacados fondos. El museo fue concebido en el siglo XIX como una gran expresión de la identidad nacional checa. En la actualidad, el museo ocupa dos edificios separados unidos por un túnel y alberga las colecciones de historia natural y etnográfica más importantes del país.

Exposición de minerales diversos

1 Vestíbulo
Es imposible no fijarse en los interiores neorrenacentistas de la entrada. Lo más destacado es la gran escalinata, pero también hay pilares de mármol, elaborados frescos y un resplandeciente techo de cristal con vertiginosas vistas hasta la cúpula.

2 Exposición de historia
Siete salas de la primera planta del edificio principal están dedicadas a esta amplia muestra de piezas históricas, que relata los principales acontecimientos históricos desde la época altomedieval (siglo VIII) hasta el comienzo de la Primera Guerra Mundial.

3 Salas de minerales
La primera planta alberga una gran exposición de 4.000 minerales, así como impactitas, meteoritos y tectitas (restos similares al vidrio que se forman durante el impacto de un meteorito). Un lugar ideal para los geólogos en ciernes.

4 Ventanas a la prehistoria
Fósiles y maquetas de animales prehistóricos se reparten por cuatro salas de la primera planta. Hay una impresionante maqueta del único dinosaurio autóctono de la República Checa, el *Burianosaurus.*

5 Panteón
Debajo de la cúpula de la segunda planta del edificio principal hay magníficos e intrincados bustos de célebres eruditos, escritores y artistas checos.

6 Milagros de la evolución
La larga historia de la evolución se relata a través de interesantes exposiciones en la segunda planta del edificio principal, repletas de modelos a tamaño real de criaturas del reino animal, como un tiburón blanco y un calamar gigante de 17 m de largo.

7 Cúpula
Merece la pena subir en ascensor hasta la cúpula y

Ornamentado interior del museo

CONSEJO TOP 10

El primer lunes de cada mes la entrada a las dos sedes del museo es gratuita.

disfrutar de unas vistas mágicas de la ciudad.

8 Momentos de la historia

Hay un pasillo subterráneo que une el edificio principal con su anexo. Aquí una innovadora exposición multimedia que recorre la historia de la ciudad desde la prehistoria hasta la actualidad se proyecta en las paredes.

9 El museo para niños

El museo es un paraíso para mentes jóvenes y curiosas. En la segunda planta del anexo hay tres salas llenas de juegos interactivos y exposiciones que enseñan a los más pequeños desde la selección natural hasta el papel de Praga en la Segunda Guerra Mundial.

10 Historia del siglo XX

Una insólita exposición multimedia en la cuarta planta del anexo continúa la historia de Praga, desde el comienzo de la Primera Guerra Mundial hasta el colapso del comunismo en 1989 y después.

AGUJEROS DE BALA

El edificio principal es tan ilustre que en agosto de 1968 las tropas soviéticas invasoras lo confundieron con el Parlamento de Checoslovaquia y acribillaron a balazos la fachada, que permanecieron visibles a pesar de los intentos comunistas por taparlos. Fue renovado en la década de 2010, pero todavía se pueden ver pequeñas marcas en la fachada donde las balas impactaron.

COLINA PETŘÍN

📍 B4 🏠 Malá Strana

Tapizada de bosques y vergeles, la colina Petřín ofrece un suave contrapunto a las agujas de Hradčany, en la orilla izquierda del Moldava. A 300 m sobre el nivel del mar, en el siglo XV se plantaron viñedos en la colina, pero ha sido parque público desde 1825. El parque es un lugar perfecto para tomarse un respiro de la ciudad: se puede pasear o tomar el funicular para contemplar las vistas.

1 Torre de Observación

Imitación de la Torre Eiffel de París, el tamaño de la Eiffelovka de la colina Petřín es cuatro veces menor, con una altura de 63,5 m. Se construyó para la Exposición Universal de 1891. Conviene subir los 299 escalones hasta la galería panorámica.

2 Estadio Strahov

Este estadio es el recinto más grande del mundo en su categoría. Se construyó para Sokol, una asociación que promueve el ejercicio físico, para competiciones de gimnasia. Hoy se utiliza para conciertos de rock.

🍽 **COMER**
El restaurante Nebozízeh, situado en pleno parque Petřín, ofrece deliciosa comida con espectaculares vistas de la colina Petřín y sus alrededores.

Cúpulas bulbosas, iglesia de San Lorenzo

3 Monasterio Strahov
Fundado en 1140, alberga en su Biblioteca Strahov los volúmenes más antiguos de la nación, a la vez que sigue funcionando como monasterio. Destaca la sala Teologal, con una escultura de san Juan.

4 Muro del Hambre
Este muro del siglo XIV formó parte de las fortificaciones del sur de la ciudad. Se dice que Carlos IV ordenó su construcción para dar empleo a los pobres en una época de hambruna.

5 Laberinto de espejos
Después de mirarse en los espejos del laberinto (p. 71), se puede aprender un poco de historia con el diorama que representa la última gran acción militar de la guerra de los Treinta Años. En el techo hay veletas con los

Torre de Observación, colina Petřín

nombres de los obreros que trabajaron en la construcción en 1891.

6 Iglesia de San Lorenzo
Esta iglesia de cúpula bulbosa se construyó sobre el asentamiento de un santuario pagano del siglo X, y se reconstruyó en estilo barroco en el siglo XVIII.

7 Estatua de Karel Hynek Mácha
Poeta romántico checo cuyo poema más famoso se titula *Mayo*. El 1 de mayo, los admiradores ponen flores a sus pies.

8 Observatorio de Štefánik
En funcionamiento desde 1928, el observatorio recibe su nombre de M. R. Štefánik, diplomático, científico y astrónomo eslovaco y cofundador de la República checoslovaca.

9 Palacio de verano Kinský
En el lado de Smíchov de la colina Petřín, este

palacio del siglo XIX alberga las colecciones etnográficas del Museo Nacional.

10 Funicular
Desde 1890 los visitantes toman el funicular hasta la cima de la colina y descienden a pie. Ofrece vistas excepcionales del castillo, al norte.

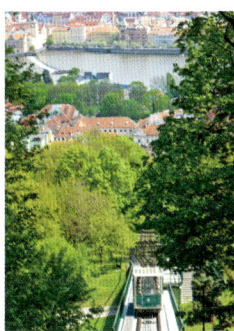

Funicular en dirección a la cima

LO MEJOR
DE PRAGA

Huevos de Pascua pintados a mano

LUGARES DE CULTO

1 El Loreto
En el centro de este ornamentado monumento a la Virgen se encuentra la Santa Casa, réplica de la vivienda donde María recibió el anuncio del arcángel Gabriel. El tesoro *(p. 35)* de El Loreto guarda varias custodias de gran valor y otras piezas.

2 Catedral de San Vito
El edificio, que se cierne majestuoso sobre el castillo, presenta una combinación de estilos arquitectónicos y tardó casi 600 años en terminarse. La catedral *(p. 26)* ha sido testigo de espectaculares coronaciones oficiadas por los arzobispos de Praga. También descansan aquí los restos de los santos Wenceslao y Juan de Nepomuceno, entre otros checos ilustres.

Coloridas vidrieras, catedral de San Vito

3 Sinagoga Staronová
La comunidad judía ortodoxa de Praga *(p. 39)* sigue celebrando servicios religiosos en esta sinagoga *(p. 114)*, una de las más antiguas de Europa central. También se conoce con el curioso nombre de sinagoga Vieja-Nueva, posiblemente por el término hebreo *al-tenai*, que significa 'con reservas'. Cuenta la leyenda que las piedras que la forman regresarán algún día a Jerusalén, de donde fueron traídas.

4 Iglesia de San Nicolás
El espectacular panorama del campanario y la cúpula de la iglesia de Malá Strana se divisa a través del río. El espléndido santuario barroco *(p. 98)* se construyó con la intención de impresionar a los católicos escépticos de la todopoderosa Roma.

5 Iglesia de Nuestra Señora de la Victoria
En esta iglesia barroca se encuentra la famosa estatua del Niño Jesús de Praga *(p. 99)*. A esta imagen de cera se le adjudican curaciones milagrosas. Las religiosas que residen en el templo cuidan la estatua y la cambian de ropa.

6 Basílica de Santiago
Es un lugar de culto activo. La fachada barroca *(p. 90)* está llena de querubines y de escenas de la vida de santos como Francisco de Asís,

La impresionante basílica de Santiago se alza sobre Praga

Santiago y Antonio de Padua. También hay un brazo momificado que cuelga sobre la entrada.

7 Iglesia de Nuestra Señora de Týn

🚇 M3 🏛 Staroměstské náměstí 14
🕐 10.00-13.00 y 15.00-17.00 ma-sá, 10.30-12.00 do

Las torres góticas de Týn descuellan sobre las casas de la plaza de la Ciudad Vieja. Durante la Contrarreforma, los jesuitas derritieron el cáliz de oro que los husitas habían situado entre las dos torres y modelaron la Virgen que hoy se contempla.

8 Sinagoga Pinkas

Las paredes de este notable edificio (p. 114) adyacente al antiguo cementerio judío están cubiertas con los nombres de casi 80.000 judíos checos (p. 36). La galería de las mujeres se añadió en el siglo XVIII.

9 Catedral de San Cirilo y San Metodio

Los asesinos del gobernador nazi de Checoslovaquia, Reinhard Heydrich, se refugiaron en esta catedral ortodoxa oriental (p. 119) junto con miembros de la Resistencia Checa. Rodeados por las tropas alemanas, se quitaron la vida el 18 de junio de 1942. Los nazis ejecutaron al obispo Gorazd, por darles cobijo.

10 Sinagoga Española

Este opulento edificio (p. 113) de estilo morisco reemplazó a la sinagoga más antigua de Praga después de su devastación en 1867. La comunidad judía ortodoxa celebra aquí sus servicios. También acoge piezas, oficinas y un centro de referencia del Museo Judío.

El espléndido interior de la sinagoga Española

Torre Petřín, la Torre Eiffel praguense

LUGARES HISTÓRICOS

1 Vyšehrad

Sobre el río Moldava se alzan las ruinas del castillo de Vyšehrad *(p. 130)*. El complejo incluye un Palacio Real medieval, la rotonda más antigua de Praga y una fortaleza barroca del siglo XVII. También alberga un cementerio *art nouveau* con las tumbas de escritores, artistas y compositores checos.

2 Torre de la Pólvora

La torre de la Pólvora *(p. 89)*, que data del siglo XV, fue en su día la entrada a la Staré Město de Praga. Marcaba el inicio de la Ruta Real, por lo que su diseño presenta una suntuosa ornamentación e intrincados detalles del gótico tardío, más que una función defensiva.

3 Torre del puente de la Ciudad Vieja

Junto a uno de los puentes más emblemáticos del mundo, el puente de Carlos IV, esta torre gótica del siglo XIV *(p. 32)* es un lugar muy querido en Praga. La torre ha sido testigo de la convulsa historia checa, y aún presenta daños visibles sufridos durante la guerra de los Treinta Años, cuando las fuerzas suecas atacaron la ciudad.

4 Torre Petřín

Originalmente un mirador construido para la Exposición del Jubileo de Praga de 1891, esta notable estructura de acero se eleva en el corazón de la ciudad *(p. 46)*. Fue diseñada para parecerse a la Torre Eiffel, hasta el punto de que la cúspide tiene la misma altura que la Torre Eiffel. Los 299 escalones conducen a uno de los mejores miradores de Praga, con magníficas vistas de la ciudad y más allá.

5 Casa Municipal (*Obecní dům*)

Este centro cultural de principios del siglo XX *(p. 89)* es un brillante ejemplo de la arquitectura *art nouveau* de Praga y un testimonio del talento de una generación de arquitectos y artistas checos, entre los que destaca Alphonse Mucha (1860-1939), que diseñó el edificio.

La torre de la Pólvora, entrada de Staré Město

6 Monumento conmemorativo del Terror de Heydrich

La cripta bajo la catedral de San Cirilo y San Metodio *(p. 51)* alberga dos monumentos conmemorativos de las vidas perdidas durante la ocupación nazi. El monumento principal honra a los siete paracaidistas que acabaron con Reinhard Heydrich, líder nazi en Praga, y murieron en la iglesia en 1942. Los monumentos conmemorativos van acompañados de una exposición informativa y un vídeo sobre los años de ocupación.

7 Estatua de *sir* Nicholas Winton

📍 H4 🚇 Wilsonova 300/8
🌐 nicholaswinton.com/memorials

En el andén 1 de la Estación Central de Praga se rinde un emotivo homenaje al hombre que dirigió el *Kindertransport: sir* Nicholas Winton. Su labor salvó la vida de 669 niños, en su mayoría judíos, al trasladarlos al Reino Unido antes de la Segunda Guerra Mundial.

8 Monumento nacional en la colina Vítkov

Este imponente monumento *(p. 129)* a la estatalidad checoslovaca data de la década de 1930. Los nazis destruyeron gran parte del monumento antes de que los comunistas utilizaran el lugar

Estatua de *sir* Nicholas Winton

para enterrar a dignatarios, incluido su presidente Klement Gottwald. En la actualidad, el Museo Nacional se encarga de su mantenimiento y alberga una de las estatuas ecuestres más grandes del mundo (la del general husita Jan Žižka).

9 Metrónomo de Praga sobre el pedestal de Letná

📍 E1 🚇 Letenshé sady, Letná

Este metrónomo de 23 m de altura es un espectáculo extraordinario en sí mismo, diseñado por el escultor Vratislav Novák como recordatorio del incesante fluir del tiempo. Pero la historia del lugar no hace sino aumentar su interés. En él se erigió una estatua de 15,5 m del dictador soviético Stalin entre 1955 y 1962.

10 Torre de TV de Žižkov

Esta torre de la época comunista de 216 m de altura *(p. 130)*, que siempre aparece en las listas de los edificios más feos del mundo y que sigue suscitando sentimientos encontrados entre los praguenses, domina el perfil de la ciudad. Construida entre 1985 y 1992, su arquitectura de alta tecnología se ha completado con las esculturas de 10 bebés gigantes del artista checo David Černý.

MUSEOS Y GALERÍAS

Obras pictóricas en el palacio Sternberg

arte francesas y una espléndida colección de arte moderno checo. Otros espacios de la Galería Nacional son el convento de Santa Inés de Bohemia *(p. 40)*, el palacio Sternberg, el palacio Schwarzenberg y los palacios Salm y Kinský *(p. 29)*.

1 Palacio Sternberg

Desde 1949, el fabuloso edificio barroco del palacio Sternberg *(p. 105)* se emplea para alojar la colección de arte europeo de la Galería Nacional de Praga. Ocupa tres plantas en torno a un patio central. La colección se centra en los viejos maestros y cuenta con obras de artistas como Rembrandt, Rubens, El Greco, Van Dyck, Tintoretto o Goya.

2 Museo Nacional

El principal museo etnográfico y de historia natural del país *(p. 122)* ocupa un edificio que preside la plaza de Wenceslao. El precio de la entrada está bien pagado, aunque solo sea para ver la gran escalera de mármol, el panteón y los cuadros del interior. En el anexo, enfrente, hay exposiciones itinerantes.

3 Palacio Ferial

🗺 B2 🏛 Duhelshých Hrdinů 47
🕐 10.00–18.00 ma-do
🌐 ngprague.cz 🖝

La extensa colección de arte de la Galería Nacional está repartida en seis museos. En 1995 abrió su museo de arte de los siglos XX y XXI en un edificio reformado de 1928. Desde el año 2000 también acogió una colección del siglo XIX con obras de

4 Museo Smetana

🗺 J5 🏛 Novotného lávka 1
🕐 10.00–17.00 mi–lu 🌐 nm.cz 🖝

Este edificio renacentista integrado en la Galería Nacional, propiedad de una empresa de aguas, está dedicado al padre de la música checa Bedřich Smetana *(p. 56)*. Documentos, cartas, partituras e instrumentos recorren la vida del compositor y su obra.

5 Centro de Arte Contemporáneo DOX

Un espacio multiusos *(p. 130)* ubicado en una antigua fábrica que acoge obras de arte únicas centrándose en cuestiones sociales actuales. También ofrece programas especiales para niños.

6 Museo de la Ciudad de Praga

La colección de este museo *(p. 130)* documenta la historia y evolución cultural de la capital checa desde la Prehistoria hasta el siglo XIX, cuando se erigió este edificio neorrenacentista para albergar el museo. Contiene piezas de porcelana y mobiliario de gremios medievales, pedazos de famosos edificios de Praga y cuadros de toda su historia. No hay que perderse la espectacular maqueta de la ciudad a escala 1:500 de Antonín Langweil, hecha de papel y madera. Es una instantánea del aspecto de la ciudad en 1834.

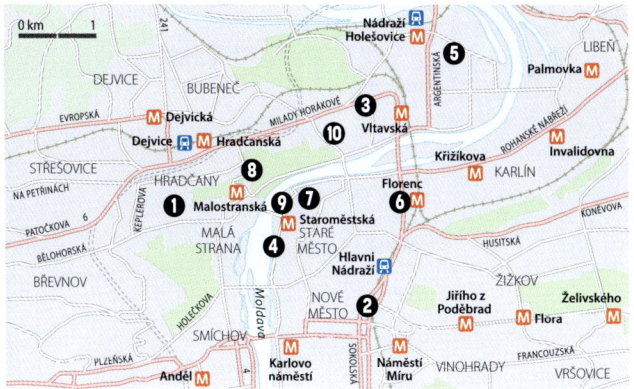

También gestiona otros 14 edificios dispersos por Praga, que ofrecen exposiciones.

7 Museo Judío

Inaugurado en 1906, los siete emplazamientos que componen este museo *(p. 36)* exponen miles de objetos personales, documentos y libros que detallan y preservan la historia de los judíos en Bohemia y Moravia. Cada uno de los siete lugares cuenta una parte diferente de la historia judía de Praga. El museo también cuenta con una fabulosa colección de arte judío.

8 Kunsthalle Praha

Q D1 **A** Klárov 5 **O** 11.00-19.00 ju-lu, 11.00-21.00 mi
W kunsthallepraha.org

Situado en el edificio de la antigua estación transformadora Zenger, este espacio cultural y artístico ofrece exposiciones contemporáneas de artistas checos e internacionales en tres galerías. El museo acoge un amplio programa de exposiciones de corta duración, proyectos educativos, actos culturales y actividades sociales. La tienda de diseño cuenta con una variada selección de piezas de diseño checas e internacionales de edición limitada en colaboración con artistas.

9 Museo de Artes Decorativas

Q K3 **A** 17 listopadu 2 **O** 10.00-20.00 ma, 10.00-18.00 mi-do **W** upm.cz **↗**

Se centra en artesanías tradicionales y contemporáneas, artes aplicadas y diseño. La colección de vidrio es una de las mayores del mundo, pero solo se expone una pequeña parte.

10 Museo Tecnológico Nacional

Q F1 **A** Kostelní 42 **O** 9.00-18.00 ma-do **W** ntm.cz **↗**

Lo último en museos de su categoría, con muestras que abarcan desde la minería o la metalurgia hasta los transportes o la astronomía. Conviene contratar un guía turístico para visitar la explotación minera.

Exposición en el Museo Tecnológico Nacional

ESCRITORES Y COMPOSITORES

1 Franz Kafka
Aunque escribía en alemán y casi todas sus obras se publicaron a su muerte, Franz Kafka es sinónimo de Praga. Muchas de sus inquietantes novelas parecen presagiar los años de comunismo. Su obra ha inspirado a otros artistas praguenses, como David Černý, autor de la gigantesca cabeza giratoria de Kafka en el exterior del centro comercial Quadrio.

2 Božena Němcová
Esta autora checa, una de los más importantes del siglo XIX, fundó la prosa checa moderna. Le interesó particularmente el folclore; su trabajo se compone de relatos y prosas más extensas ante un telón de fondo rural. Es conocida por su novela Babička (*La abuela*), considerada un clásico de la literatura checa.

3 Karel Čapek
Este escritor checo es conocido por sus obras de ciencia ficción, de notable carga psicológica. En 1920 escribió la obra de teatro *R.U.R. (Robots Universales Rossum)*, con la que regaló al mundo una nueva palabra con el significado de autómata, derivada de la palabra *robota*, 'trabajo forzado' en checo.

La famosa escritora de novelas Karolína Světlá

4 Karolína Světlá
Nacida en 1830, Světlá se convirtió en una de las autoras checas más destacadas del siglo XIX. Se considera la fundadora de la novela checa. Muchos de sus libros, como *Černý Petříček* y *Zvonečková královna*, describen la vida praguense del siglo XIX y abordan los temas sociales.

5 Jaroslav Hašek
Célebre cómico y autor de la aclamada sátira del ejército austriaco, *Las aventuras del buen soldado Švejk* (publicada en 1921), Hašek también fundó el burlesco Partido para el Progreso Moderado dentro de los Límites de la Ley.

6 Bedřich Smetana
El maestro compuso su ópera *Libuše*, basada en la legendaria princesa, para la reapertura del Teatro Nacional de Praga en 1883. Smetana rivaliza con Antonín Dvořák por el título

El escritor y dramaturgo Karel Čapek

de compositor checo más querido; la oda a la cerveza *La novia vendida,* compuesta por el primero, le otorga cierta ventaja.

7 Antonín Dvořák

Las obras de Dvořák, como sus *Danzas eslavas,* incorporan música folclórica. Compuso su última sinfonía, *Del nuevo mundo,* mientras dirigía el Conservatorio Nacional de Nueva York.

8 Bohumil Hrabal

Solía sentarse en la taberna de Staré Město U Zlatého tygra *(p. 94)* y anotaba las historias que allí escuchaba. Entre sus obras, *Trenes rigurosamente vigilados* y *Yo que he servido al rey de Inglaterra.*

9 Květa Legátová

Esta narradora es conocida por *Zelary,* un volumen de relatos que exploran la dura realidad de la vida de principios del siglo XX en una remota aldea checa ficticia. En 2002 se le otorgó el premio State de Literatura y publicó su novela autobiográfica: *Jozova Hanule.*

10 Václav Havel

El expresidente checo era un conocido dramaturgo y filósofo antes de pasar a ser activista por los derechos civiles en protesta ante la invasión del Pacto de Varsovia en 1968 *(p. 10).* Sus obras y su fama contribuyeron a atraer la atención internacional hacia el padecimiento de su país.

**El expresidente checo
Václav Havel**

TOP 10
OBRAS DE ARTE

1. *Epopeya eslava*
El maestro del *art nouveau* Alfons Mucha celebra el pasado mítico checo en este ciclo de 20 grandes lienzos.

2. *El castillo*
Kafka trabajó en esta novela de alienación social mientras vivía en el callejón del Oro del castillo de Praga *(p. 23).*

3. *Las aventuras del buen soldado Švejk*
La sátira de Hašek sobre el Ejército y el Imperio austrohúngaro fue muy difundida e influyó en la opinión de los checos sobre la autoridad.

4. *Cocina casera*
A principios del siglo XIX, M. D. Rettigová se convirtió con este libro en una pionera de la literatura gastronómica.

5. *R.U.R.*
La obra de ciencia ficción de Karel Čapek estudia las relaciones laborales y la estructura social.

6. *La abuela*
La autora Božena Němcová toma como narradora de su novela *Babička* de 1855 a su propia abuela, quien le había contado muchas de estas historias.

7. *Moldava*
Mi país, de Smetana, se compone de seis poemas sinfónicos en homenaje a Bohemia. El segundo sigue el curso del río epónimo.

8. *Sinfonía del nuevo mundo*
Con su novena sinfonía, compuesta en 1893, Dvořák incorporó los ritmos de la música popular americana.

9. *La paz perturbada*
Havel reflexiona sobre el comunismo y los valores que subyacen en la búsqueda de la democracia en la Europa central.

10. *La insoportable levedad del ser*
La historia no lineal de Milan Kundera habla de la política, el amor y la traición inherente a ambos.

EMBLEMAS DE LAS CASAS

1 El cisne blanco
⌂ Nerudova 49

Las casas de Praga no dispusieron de número de identificación hasta 1770, cuando la emperatriz María Teresa trajo desde Viena hasta las orillas del Moldava el entusiasmo por el orden de los Habsburgo. Anteriormente, las casas se conocían y se localizaban por un confuso sistema de símbolos alegóricos. Si bien se encuentran algunos domicilios emblemáticos en las zonas más antiguas de la ciudad, la calle Nerudova, en Malá Strana (p. 96), cuenta con la mayor concentración de enseñas de la ciudad. En su origen, muchos símbolos poseían un significado local que se ha perdido. Este es el caso de la casa del Cisne Blanco, que probablemente se trataba de un ganso de oro (no se debe confundir con los grandes almacenes homónimos, Bílá Labut).

Emblema de los dos soles

2 Los dos soles
⌂ Nerudova 47

Esta fue la casa del admirado poeta y escritor checo Jan Neruda (1834-1891), cuyo nombre lleva la calle. Esta era la zona de Praga más frecuentada por escritores y artistas, y Neruda trasladó a sus obras el ambiente bohemio de Malá Strana. El vínculo continúa hoy a través de las numerosas galerías de arte y tiendas de artesanía del barrio.

3 La llave dorada
⌂ Nerudova 27

Los orfebres de Praga, como los que trabajaron en esta casa en el siglo XVII, pagaban impuestos a la ciudad, al contrario que sus colegas del callejón del Oro del castillo de Praga (p. 23). Se les permitía anunciar sus mercancías, como se observa en la fachada de este edificio.

4 El cordero rojo
⌂ Nerudova 11

Uno de los emblemas más enigmáticos de la calle, el cordero rojo que adorna esta fachada, tiene un significado tan arcano que ni los actuales propietarios de la casa conocen con exactitud. Sigue formando parte de la encantadora idiosincrasia de la ciudad.

5 La rueda dorada
⌂ Nerudova 28

Esta casa pudo estar relacionada con la alquimia, la rueda representa uno de los estadios del *magnus opus*, el proceso por el que supuestamente el plomo se convertía en oro.

6 La langosta verde

⌂ Nerudova 43

Quién sabe lo que los dueños pensarían cuando colocaron este crustáceo sobre su puerta. Lo más probable es que quisieran epatar a los vecinos de la casa de la Chirivía Colgante (nº 39).

7 El tigre dorado

⌂ Husova 17

Esta casa del siglo XV estaba decorada originalmente con una azada, pero en 1702 se cambió por un tigre dorado, que aún se conserva sobre la puerta. Fue la taberna favorita del escritor checo Bohumil Hrabal.

8 Los tres violines

⌂ Nerudova 12

Se dice que un terceto diabólico toca los instrumentos las noches de luna llena. La casa perteneció en el siglo XVIII a una familia de fabricantes de violines, y el emblema anunciaba su profesión. Como otros edificios de la calle, hoy es un restaurante.

9 El caballo de san Wenceslao

⌂ Staroměstské náměsti 16

En la fachada de la casa Štorch también conocida como "En la Virgen de Piedra",

Pintura mural del caballo de san Wenceslao, casa Štorch

en la plaza de la Ciudad Vieja *(p. 28)*, puede ver esta obra de Mikoláš Aleš en homenaje al santo patrón de Bohemia, también patrón de los herreros, quienes herraban a los caballos que se dirigían al castillo.

10 La herradura dorada

⌂ Nerudova 34

La ornamentada puerta de este hermoso edificio de color azul pálido está adornada con una imagen de san Wenceslao a caballo. Debajo cuelga una herradura dorada; es probable que en su día fuera la casa o el taller de un herrero.

Espléndida entrada con la herradura dorada

LEYENDAS

Representación del Golem

1 El Golem
Se dice que el rabino Judah Loew (p. 114) creó un autómata de barro para defender a los judíos del gueto de Praga. Un día, la criatura se desbocó y Loew se vio obligado a desactivarla y encerrarla en el ático de la sinagoga Staronová (p. 114).

2 El turco de Ungelt
Entre los mercaderes del barrio de Týn, a espaldas de la iglesia de Nuestra Señora de Týn (p. 51), había un inmigrante turco. Cuando su prometida huyó para casarse con otro, él perdió la razón y la decapitó. Se dice que desde entonces deambula por el patio de Ungelt transportando la cabeza de su amada.

3 El ladrón manco
Cuenta la leyenda que un ladrón entró en la basílica de Santiago (p. 90)

e intentó robar las joyas de la Virgen, pero la estatua lo asió por el brazo y un carnicero de la ciudad tuvo que amputárselo. Dicen que aún vaga por el templo pidiendo ayuda a los visitantes para recobrar su extremidad, que cuelga de un muro del interior.

4 Museo de Fantasmas y Leyendas
🅿 D3 🏠 Mostechá 18
🌐 mysteriapragensia.cz
En este museo se pueden descubrir los misterios y leyendas más antiguos de Praga. Con dos plantas, en el sótano se encuentra la reproducción de algunas de las calles de la Vieja Praga; en la planta baja los objetos que se exhiben explican las leyendas. Todo el material se basa en documentos originales.

5 El hombre de hierro
Un caballero canceló su boda porque creía que su prometida le había sido infiel. Después de que ella, desconsolada, se suicidase ahogándose, él se dio cuenta de su error y se ahorcó. Cada 100 años se le ve en la calle Platnéřská con la esperanza de encontrar una joven virgen con la que hablar al menos una hora.

6 El hombre ahogado
Cuando la bicicleta hacía furor a finales del siglo XIX, Bobeř Říma robó una y pedaleó hasta caer al río. A veces, en el puente de Carlos IV un joven empapado intenta vender una bicicleta.

Xilografía de 1512 que representa el ataque de un hombre lobo

TOP 10
HISTORIAS POPULARES

1. Juan Nepomuceno murió en el puente de Carlos IV
Nepomuceno ya estaba muerto cuando unos asesinos contratados por el rey Václav IV lo arrojaron desde el puente (p. 32).

2. El castillo de Vyšehrad
Aunque es cierto que Vyšehrad (p. 127) fue el primer centro de poder, su importancia ha sido exagerada.

3. Los alquimistas vivían en el callejón del Oro
Los alquimistas solían vivir a crédito en casas de la ciudad durante el reinado del emperador Rodolfo II.

4. Los checos son creyentes
En el censo de 2021 más del 57 % de los checos declaró no tener religión. Más del 30 % de la población no declaró.

5. Suicidio de Jan Masaryk
En 1948 el ministro de Asuntos Exteriores fue encontrado muerto; según los comunistas, se cayó por una ventana.

6. Solo hay una cerveza Bud
El pueblo de České Budějovice producía cerveza antes que el fabricante estadounidense, pero no registró la marca.

7. El Danubio pasa por Praga
Es increíble cuántos visitantes lo piensan. El río praguense es el Moldava.

8. La absenta afecta al cerebro
La cantidad de ajenjo que contiene la bebida es insignificante.

9. Los checos y los eslovacos son una misma nación
A pesar de siglos de historia compartida y una afiliación continuada, checos y eslovacos tienen lenguas, culturas y tradiciones distintas.

10. Praga es la nueva *Rive Gauche*
Tras la Revolución de Terciopelo, se quiso ver a Praga como el París de los noventa por el gran número de extranjeros residentes.

7 El hombre lobo
Dicen que al guardabosques de Rodolfo II le gustaban tanto los lobos que recorrían el foso del Ciervo del castillo, que se convirtió en uno de ellos. Hoy tiene el aspecto de un perro grande y suele perseguir a ciclistas, turistas y corredores, por lo que conviene volver la cabeza de vez en cuando.

8 El demonio de Emaús
Para atormentar a los monjes de Emaús (p. 121), Satán aceptó un empleo como cocinero y condimentaba la comida con pimienta y otras especias. Desde entonces, el picante brilla por su ausencia en la cocina checa.

9 Drahomíra
La madre de san Wenceslao fue una mujer malvada. Asesinó a su suegra y podría haber matado a su hijo, pero se dice que las puertas del infierno se la tragaron antes de que cometiera el crimen. A veces recorre Loretánská náměstí montada en un carruaje en llamas.

10 El barbero loco
Cuando un barbero de la ciudad perdió su hogar y su familia por dedicarse a la magia, sus hijas acabaron en un burdel y su esposa se suicidó. Se dice que deambula por las calles Karlova y Liliova con la esperanza de regresar a su honrada profesión y enmendar el desagravio.

El puente de Carlos IV al anochecer

En el sentido de las agujas del reloj, desde arriba a la derecha **Exterior de la imponente basílica de Santiago; intrincado relieve barroco del apóstol san Antonio de Padua; espléndidos frescos en la nave de la iglesia**

VISITAS SINGULARES

1 Museo de los Sentidos

Un museo para poner a prueba los sentidos *(p. 122)*, donde nada es lo que parece. Se atraviesa una selva en un túnel donde el río discurre hacia arriba, se está de pie en lo alto de un rascacielos o se adentra en un desierto. Asombrosas ilusiones ópticas que son una experiencia para toda la familia.

2 *Don Giovanni* con marionetas

Mozart estrenó su *Don Giovanni* en el Teatro de los Estados *(p. 73)* en 1787. Hay dos espectáculos de títeres basados en la ópera favorita de la ciudad, pero la mejor producción se representa en el Teatro Nacional de Marionetas *(p. 73)*. La técnica de los titiriteros es muy depurada.

3 Pragulic

📍 L4   🏛 Staroměstshé náměstí 4
🌐 pragulic.cz

Esta inusual iniciativa social permite percibir el mundo desde la perspectiva de la gente sin hogar, poner en cuestión estereotipos y comprender cómo es su vida cotidiana. Personas sin techo ejercen de guías de los paseos organizados y se puede escoger entre una visita corta de un par de horas y otra de 24 horas.

4 Galería de Figuras de Acero

📍 M4   🏛 Celetná 15
🕙 10.00–22.00 diario
🌐 galerieocelovychfigurin.cz

Esta galería ofrece una exposición interactiva y original inspirada en más de 100 personajes de dibujos animados, ciencia ficción o cultura pop. Las figuras están hechas con piezas de acero reciclado. También hay una tienda de recuerdos y una cafetería.

Entrada del Teatro Nacional de Marionetas

5 Museo del Sexo

L4 · Melantrichova 18 · 10.00-23.00 diario · sexmachinesmuseum.com

Exposición diferente a cualquier otra, este museo no es en modo alguno adecuado para niños. La muestra recorre la historia de los instrumentos de placer desde sus orígenes hasta hoy en día. Obviamente no es una exposición cultural, pero sí inusual.

6 Búnker subterráneo de Folimanka

Calle Pod Karlovem · Los horarios varían, consultar la página web · krytfolimanka.cz

Este búnker y su extenso laberinto de pasillos y salas se construyó durante la Guerra Fría para que fuera refugio de civiles en caso de amenaza nuclear. También hay una exposición con fotografías de otros refugios civiles en Praga. Abre al público una vez al mes, en sábado.

7 Muro de estalactitas

D2 · Jardín Wallenstein, Malá Strana · Abr-oct: 7.00-19.00 lu-vi, 9.00-19.00 sá y do; jun-sep: 7.00-19.00 diario

Este misterioso muro se encuentra en el sureste del cuidado jardín Wallenstein (*p. 83*). Desde lejos, parece un enorme muro de estalactitas grises, pero de cerca se pueden ver inquietantes figuras, desde serpientes que se deslizan hasta grotescos rostros humanos.

8 Museo de la Tortura

M4 · Celetná 12 · 10.00-22.00 diario; invierno: 10.00-20.00 diario · museumtortury.cz

Si se desconoce cómo funcionan estos terroríficos instrumentos, las útiles ilustraciones lo dejan claro. Se exhiben un centenar de utensilios de tormento y docenas de grabados, y se acompañan con explicaciones.

9 Recorridos fantasmagóricos de McGee

M3 · Týnská 21 · mcgeesghosttours.com

Se crea o no en fantasmas, los guías garantizan una noche entretenida por las callejuelas y callejones que comunican iglesias y monumentos antiguos donde habitaban alquimistas, asesinos y otros espíritus. Hay tres recorridos guiados, cada uno dura tres horas.

10 Idiom

K4 · Biblioteca Municipal de Praga, Mariánské náměstí 1 · 9.00-20.00 ma-vi, 13.00-20.00 lu y sá

Situada justo a la entrada de la Biblioteca Municipal de Praga, esta llamativa instalación artística está formada por 8.000 libros en espiral, aunque gracias a una inteligente colocación de espejos parece no tener fin.

Muro de estalactitas, jardín Wallenstein

El bello jardín Wallenstein

PARQUES Y JARDINES

1 Colina Petřín
Es una delicia pasear a la sombra de los árboles y explorar todo tipo de peculiaridades arquitectónicas, desde una muralla defensiva medieval hasta una minitorre Eiffel, en uno de los mayores espacios verdes de Praga *(p. 46)*. La mejor época es la primavera, cuando los árboles frutales florecen.

2 Jardín Vrtba
Dicen que este jardín barroco *(p. 99)* con terrazas y balaustradas es el más hermoso de Praga. Está justo detrás del palacio Vrtba, en las laderas de la colina Petřín *(p. 46)*.

El barroco jardín Vrtba en la colina Petřín

3 Jardín Wallenstein
Albrecht von Wallenstein arrasó dos docenas de casas para abrir paso a su patio trasero, un lago artificial. Entre los elementos más peculiares se halla la gruta con estalactitas, en el muro sur, que imita las cuevas de piedra caliza. El griterío que se escucha proviene de los pavos reales del jardín *(p. 83)*.

4 Isla Kampa
En verano, los vecinos toman el sol, saborean vino y juegan al disco volador en el césped de la isla *(p. 98)*. También les gusta fumar marihuana, tocar el tambor hasta bien entrada la noche y disfrutar de un relajado pícnic en el parque de la isla, lejos del bullicio de la ciudad.

5 Vyšehrad
A una distancia suficiente del bullicioso centro, Vyšehrad *(p. 127)* es el lugar idóneo para tomarse un respiro. Entre los lugares de interés se cuentan la iglesia neogótica de San Pedro y San Pablo, las tumbas de Dvořák y Smetana y fortificaciones hoy reconstruidas. Sin embargo, hay que tener en cuenta que hay pocas zonas resguardadas de las inclemencias del tiempo.

6 Stromovka

El rey Přemysl Otakar II estableció aquí un parque de caza en 1266. Jardín público desde 1804 *(p. 128)*, es uno de los parques más grandes de la ciudad y tiene cuatro estanques ideales para patinar sobre hielo en invierno y alimentar a los patos en verano. Es muy agradable pasear por sus senderos.

7 Jardines sur del castillo de Praga

Las vistas a Malá Strana desde los jardines que bordean el castillo *(p. 22)* son de una belleza inigualable. Se accede por las escaleras desde el tercer patio para concluir de forma agradable un día de turismo en Hradčany.

8 Jardines del Palacio del castillo de Praga

Este complejo histórico de hermosos jardines en terraza está en las laderas meridionales del castillo de Praga en Malá Strana. Abunda la decoración arquitectónica, las escaleras ornamentales, balaustradas, terrazas, invernaderos y pabellones.

9 Jardín franciscano

Tras recorrer el asfalto de la plaza de Wenceslao, merece la pena hacer un

La conocida como fuente cantarina del jardín Real

alto aquí para tomar el almuerzo en los bancos a espaldas de la iglesia de Nuestra Señora de las Nieves *(p. 43)*.

10 Jardín Real del castillo de Praga

Este jardín de corte formalista fue trazado por el rey de los Habsburgo Fernando I en 1534 *(p. 105)*. Después de contemplar el palacio de verano de la reina Ana y la sala del Juego de la Pelota, con sus frescos modificados por los comunistas, conviene bajar al foso del Ciervo *(p. 106)*.

FUERA DE LAS RUTAS HABITUALES

Estatua ecuestre del revés de David Černý

1 Estatua ecuestre del revés de David Černý

📍 N6 🏠 Štěpánská 61 🕐 8.00–24.00 diario 🌐 lucerna.cz

Por toda la ciudad se pueden ver instalaciones del artista checo David Černý, pero esta estatua colgante de san Wenceslao sobre un caballo cabeza abajo en el pasillo central del palacio Lucerna merece una mirada y una sonrisa especiales. Es una cariñosa parodia de la pomposa estatua ecuestre de lo alto de la plaza de Wenceslao.

2 Farola cubista

📍 M6 🏠 Jungmannovo náměstí

La ciudad de Praga fue un hervidero de experimentación arquitectónica en el siglo XX y suscribió con entusiasmo la aplicación de conceptos de diseño cubistas a toda clase de edificios y objetos, incluyendo, según parece, las farolas. Este elemento de alumbrado viario único en el mundo se puede encontrar en una esquina entre Václavské náměstí y Jungmannovo náměstí.

3 Fantova Kavárna

📍 H4 🏠 Wilsonova 80 🌐 fantova-havarna.cz

Hlavní nádraží, la parte vieja de la principal estación ferroviaria de Praga, es un edificio muy hermoso. Suba la escalera del vestíbulo principal para admirar la magnífica Fantova Kavárna

Exposición audiovisual en el Museo Karel Zeman

art nouveau de 1909, así llamada por el arquitecto de la estación. El ambiente y los bellos interiores de la estación reformada se pueden contemplar mientras se toma un café.

4 Grebovka
🚇 B6 🚏 Havlíčkovy sady 2188
🕐 10.00-22.00 diario
🌐 pavilongrebovka.cz

Vinohrady estuvo cubierto otrora por viñedos (eso es lo que significa el nombre). Este agradable templete en un parque al sur de Náměstí Míru es lo único que queda, pero sigue siendo un lugar maravilloso para pasar un día soleado tomando un vino al aire libre.

5 Krymská
🚇 C6 🚏 Vršovice

La incipiente escena *hipster* de Praga bulle en esta calle amablemente destartalada del barrio de Vršovice. Hay varios cafés y bares fantásticos donde el contraste entre lo moderno y la vieja Praga producen un efecto fascinante.

6 Divoká Šárka
🚇 A5

Ofrece un toque de naturaleza salvaje en un trayecto en tranvía al centro. Hay formaciones rocosas accidentadas, bosques frondosos e, incluso, una piscina alimentada por un arroyo en verano. En otoño, la pendiente de estas praderas es ideal para volar cometas.

7 Museo Karel Zeman
🚇 D3 🚏 Sashý dvůr, Malá Strana 🕐 10.00-19.00 diario
🌐 muzeumharlazemana.cz

Museo interactivo centrado en la obra del célebre cineasta checo Karel Zeman, que dirigió varias películas de género fantástico, entre las que se encuentran *El fabuloso mundo de Julio Verne* o *Las aventuras del Barón de Munchausen*.

8 Riegrovy sady
🚇 H5

Este desgarbado parque, diseñado en parte al estilo de un jardín inglés, ofrece infinidad de espacio para colocar una manta y admirar las vistas de Staré Město, con el castillo de Praga a lo lejos.

9 Náplavka
🚇 E6 🚏 Nové Město

La orilla oriental del Moldava, al sur del Teatro Nacional, se ha convertido en el lugar al que ir en verano, con toda clase de atractivos, desde festivales de música hasta mercados agrícolas.

10 Hotel International
🚇 B5 🚏 Koulova 15
🌐 internationalprague.cz

A pesar de vivir 40 años bajo un régimen comunista, el centro de Praga tiene poca arquitectura que ofrecer de esa época. Este impresionante palacete del realismo socialista –un regalo de la Unión Soviética en la década de 1950– es un recordatorio. Contemple la decoración de época del vestíbulo.

Grupo de jirafas en el zoo de Praga

PRAGA EN FAMILIA

1 Zoo de Praga
Ubicado en una ladera con vistas al río Moldava, el zoo de Praga *(p. 127)* se fundó en 1924. Alberga más de 5.000 animales, ejemplares de 700 especies, unas 50 de ellas extremadamente raras. Hay 12 pabellones, entre ellos La Casa de los Hipopótamos, Aves Exóticas, El Valle de los Elefantes y el Zoo de los Niños.

2 Museo del Transporte Público
🚇 A1 🏠 Patočkova 2 🕐 9.00–17.00 sá y do 🌐 dpp.cz/muzeum-mhd 🔗
Este museo, situado en las antiguas cocheras de tranvías de Střešovice, celebra más de 150 años de red de transportes en Praga. La exposición incluye más de 40 vehículos históricos, desde coches de caballos hasta tranvías, autobuses y vehículos de mantenimiento. También se exponen maquetas, fotografías, documentos históricos, billetes, dibujos y planos.

3 Teatro de marionetas
Las marionetas son una tradición checa y las representaciones vespertinas mantienen entretenidos a los niños durante una hora. Hay tanta acción que a los pequeños no les importa no poder entender la narración. Las entradas para la programación de cuentos famosos del Teatro Nacional de Marionetas *(p. 73)* se acaban rápidamente, por lo que conviene reservar con antelación.

4 DinoPark
🏠 OC Galerie Harfa
🕐 Los horarios varían, consultar la página web 🌐 dinopark.eu 🔗
En el centro comercial Harfa, cerca de la estación de metro de Českomoravská, DinoPark es el lugar perfecto para todas las mentes curiosas. El complejo incluye maquetas de dinosaurios estáticos y robóticos a tamaño real, un parque paleontológico para niños y cine en 4D.

5 Museo Tecnológico Nacional
Situado en una enorme sala con forma de hangar, este excelente museo interactivo *(p. 55)* será sin duda un éxito entre los niños. En su interior hay coches antiguos y trenes de vapor a los que subirse, una mina de carbón simulada y un estudio de televisión en funcionamiento.

6 El Reino del Ferrocarril
🗺 B6 🏠 Stroupežnického 23, Smíchov 🕐 9.00–19.00 diario 🌐 railroad-kingdom.com
El mundo en miniatura del Reino del Ferrocarril tiene docenas de maquetas de trenes y coches, centenares de metros de vía, réplicas de edificios de la República Checa y una exposición que cuenta con una inigualable maqueta interactiva de Praga a escala 1:1.000.

7 Jardín Botánico de Troja

Ocupa 30 ha e incluye los históricos viñedos de Santa Clara, un jardín japonés de meditación y el invernadero tropical Fata Morgana. Los niños pueden coger el plano de dibujos e intentar resolver el rompecabezas encontrando 14 plantas y pegando sus pegatinas en las secciones correctas.

8 Teatro negro

🔲 K4 ⬛ Divadlo Ta Fantastiha: Karlova 8

Existen numerosos espectáculos del llamado teatro negro (p. 72) en los alrededores de Staré Město, aunque el mejor se representa en Divadlo Ta Fantastika. Las estupendas funciones dejarán a los niños con la boca abierta.

9 Paseos en barco

Aunque los adultos suelen disfrutar con las románticas barcas de remos, los niños prefieren la emoción de las pequeñas embarcaciones a pedales que surcan el Moldava. Hay muchos comerciantes que alquilan barcas y venden entradas cerca del Teatro Nacional (p. 120).

10 Laberinto de espejos

Los espejos deformantes son estupendos para hacer muecas, y las extravagantes formas resultan hilarantes. Hay un panel de una escena de guerra muy interesante para los más mayores.

En el fascinante laberinto de espejos del parque Petřín

TOP 10
TIENDAS ESPECIALES PARA NIÑOS

1. Marionetas bajo el puente
⬛ U Lužického semináře 7
Variedad de marionetas tradicionales checas de madera.

2. SPARKYS dům hraček Juliš
⬛ Václavské náměstí 22
Varias plantas con una excelente selección de juguetes, juegos y regalos.

3. Loutky
⬛ Nerudova 51
De todo, desde títeres de guante hasta marionetas antiguas.

4. Agátin svět
⬛ Sokolovská 67, Karlín
El Mundo de Ágata ofrece gran variedad de juguetes didácticos para niños.

5. Hugo chodí bos
⬛ Vodičkova 35, Nové Město
Desde juguetes checos clásicos hechos a nivel local hasta juegos.

6. Museo Lego
⬛ Národní 31
Más megatienda que museo, este reclamo del centro de la ciudad tiene juguetes en abundancia.

7. Kouzelné Hračkářství
⬛ Lesnická 6, Smíchov
La Juguetería Mágica ofrece juguetes, kits creativos y ropa.

8. Space 4 Kids
⬛ Vinohradská 21, Vinohrady
Tienda famosa por su selección de muebles infantiles procedentes de todo el mundo.

9. U Mostu
⬛ U Lužického semináře 5
Aquí se pueden comprar recuerdos hechos a mano con cariño e inspirados en Praga.

10. Hračky U Zlatého lva
⬛ Celetná 32
Todo tipo de juguetes para los más pequeños, como juguetes de madera hechos a mano, rompecabezas infantiles y muñecas con trajes típicos tradicionales.

ARTES ESCÉNICAS

1 Ópera del Estado
En lo alto de la plaza de Wenceslao, junto al Museo Nacional, la Státní Opera *(p. 120)* se denominó originalmente Nuevo Teatro Alemán y se construyó para que compitiera con el Teatro Nacional. Ofrece un repertorio de clásicos italianos y vieneses.

2 Divadlo Archa
P3 Na Poříčí 26
divadloarcha.cz
Es el principal teatro de vanguardia de Praga. Aquí han actuado David Byrne y la compañía Pál Frenák.

3 Teatro Hybernia
P4 Náměstí Republiky 4
hybernia.eu
Ocupa un antiguo monasterio y se inauguró en 2006 con el musical *Golem*. La sala acoge muchos tipos de eventos culturales.

4 Ponec
C6 Husitská 24a, Žižkov
divadloponec.cz
Este espacio dedicado a la danza contemporánea y el teatro del movimiento, inaugurado en 2001, programa desde actuaciones internacionales a talleres para jóvenes talentos.

5 Sala Smetana
P3 Náměstí Republiky 5
foh.cz
La Sala Smetana de estilo *art nouveau* en la Casa Municipal es sede de la Orquesta Sinfónica de Praga (Fok). El Festival Internacional de Música Primavera de Praga *(p. 84)* se abre cada año con *Má vlast* de Smetana *(p. 57)*.

6 La Nueva Escena
K6 Národní třída 4
narodni-divadlo.cz
Laterna Magika emplea danza, música, pantomima, luz negra y proyecciones multimedia para dar vida a historias sobre el escenario.

7 Teatro Nacional
El telón del Národní divadlo se elevó por primera vez en 1883 para la ópera *Libuše*, de Smetana. Hoy ofrece esta y otras óperas checas. Merece la pena asistir a una representación para admirar el valor artístico del edificio *(p. 120)*.

**Fachada neoclásica del
Teatro de los Estados**

8 Teatro de los Estados
📍 M4 📌 Ovocný trh 1
🌐 narodni-divadlo.cz

El Stavovské divadlo es famoso por
haber estrenado la ópera *Don Giovanni*,
de Mozart. También fue el primer
teatro donde se escenificaron obras en
checo, en una ciudad que en su
mayoría hablaba alemán. No hay mejor
lugar para el visitante melómano.

9 Rudolfinum
📍 K2 📌 Alšovo nábřeží 12
🌐 rudolfinum.cz

El Rudolfinum es la sede de la
Filarmónica checa. Entre 1918 y 1939, y
durante un breve periodo tras la
Segunda Guerra Mundial, fue sede del
Parlamento Checoslovaco.

10 Teatro Nacional de Marionetas
📍 L3 📌 Žatecká 1

El Teatro Nacional de Marionetas
simboliza la cumbre de este querido
género teatral; se presentan maravillosas
obras basadas en cuentos populares
checos y otros espectáculos infantiles en
lengua checa. Cuentan con el mejor
tributo a los Beatles de toda la ciudad
y una versión de *Don Giovanni* (p. 64).

**Concierto en el
Teatro Nacional**

TOP 10
TEMPLOS PARA CONCIERTOS

1. Iglesia de San Cayetano
📍 C2 📌 Nerudova 22
Esta magnífica iglesia barroca celebra
conciertos de Bach, Mozart o Brahms.

2. Convento de Santa Inés de Bohemia
Este convento medieval *(p. 40)*
presenta recitales de música clásica
con regularidad.

3. Iglesia de San Nicolás, Malá Strana
Durante los conciertos se puede
disfrutar de la grandeza barroca
(p. 98) de la iglesia de Malá Strana.

4. Basílica de Santiago
Este activo lugar de culto *(p. 90)*
deleita al público con conciertos de
órgano, que data del siglo XVIII.

5. Capilla del Espejo
La cámara barroca del Clementinum
(p. 90) acoge cuartetos de cuerda y
otros grupos reducidos.

6. San Martín del Muro
📍 L6 📌 Martinská 8
Esta iglesia gótica tiene una excelente
acústica, ideal para conciertos de
órgano y otros recitales.

7. Sinagoga Española
El órgano de 1880 es la pieza estrella
en sus conciertos *(p. 113)*.

8. Basílica de San Jorge
Los recitales corales y de cuerda
(p. 23) presentan las mejores obras
de Mozart, Beethoven y otros
compositores.

9. Iglesia de San Simón y San Judas
📍 L1 📌 U Milosrdných
Merece la pena escuchar a un
conjunto de instrumentistas de la
Orquesta Sinfónica de Praga en este
santuario renacentista.

10. Catedral de San Nicolás, Staré Město
Se ofrecen conciertos de música de
cámara dos veces al día y de la
Orquesta Filarmónica Checa en la
iglesia de Staré Město *(p. 91)*.

VIDA NOCTURNA

Clientes en la siempre animada barra del Cross Club

1 Locales checos tradicionales

Praga está llena de excelentes tabernas centenarias, casi todas ellas con buena cerveza y magnífico ambiente. No hay que dejar de tomarse una Pilsner Urquell en U Pinkasů *(upinkasu.cz)* o codearse con los residentes en el histórico U Fleků *(es.ufleku.cz).*

2 Cabaré

Merece la pena disfrutar de una velada de cabaré artístico de gran energía. En el Teatro Hybernia *(p. 72)* el cabaré, el circo moderno, el vodevil y el burlesque se unen en un deslumbrante espectáculo que podría rivalizar con el Moulin Rouge de París.

3 Bodegas

Son famosas las bodegas subterráneas de Praga entre los residentes. La mayoría sirven una variedad de cervezas populares, pero Andělský Pivovar *(andelskypivovar.cz)* elabora las suyas propias (se pueden ver las cubas de elaboración en su interior). Si se busca algo diferente, entonces vale la pena acercarse al Black Angel's Bar *(blackangelsbar.com)* para disfrutar de cócteles y puros.

4 Teatro

La escena teatral de Praga es vibrante, aunque a menudo los visitantes la pasan por alto. Son muy recomendables las obras clásicas, la ópera checa y el *ballet* del Teatro Nacional *(p. 120),* o el histórico Teatro de los Estados *(p. 73),* donde Mozart estrenó su ópera *Don Giovanni.*

5 Baños de cerveza

En Praga la cerveza se ha convertido en un tratamiento terapéutico. El lúpulo y la cebada parecen tener efectos beneficiosos para la salud. Y para comprobarlo, nada mejor que acudir al Original Beer Spa *(beerspa.com)* y relajarse en las bañeras de lúpulo tomando una jarra de cerveza.

6 Recorridos de fantasmas

Si se busca el misterio, Praga tiene historias espeluznantes y leyendas que contar. McGee's Ghost Tours *(p. 65)* ofrece visitas guiadas por estrechos callejones en una inmersiva excursión nocturna y Prague Underground Tours *(prague-underground-tours.com)* recorridos de fantasmas por lúgubres mazmorras.

7 Las mejores coctelerías

A los praguenses no solo les gusta la cerveza, también un buen cóctel. Los clásicos se encuentran en el emblemático Bukowski's *(Bořivojova 689/86)* y los más innovadores, como la penicilina infusionada con whisky, en el moderno Groove Bar *(groovebar.cz).*

8 Locales nocturnos

En Praga hay discotecas para todos los gustos, música disco, rave y más. Roxy *(p. 93)* es una de las discotecas de referencia y pincha jungle y dub con DJ de renombre. M1 Lounge *(m1lounge.com)* es el lugar ideal para el RnB, tanto moderno como de la vieja escuela.

9 Música en directo

Cada noche Praga palpita al son de la música en directo. Los amantes del jazz no pueden perderse el Jazz Dock *(jazzdock.cz)*, a orillas del río, donde se toca jazz de todo el mundo. El Palác Akropolis *(p. 132)* ofrece una experiencia más ecléctica. Es el corazón de la escena indie y de la música del mundo, y ha acogido a artistas como Pixies, Apollo 440 y Transglobal Underground.

10 Sobre el agua

Las tranquilas aguas del Moldava son perfectas para disfrutar de la noche de Praga. Prague Boats *(prague-boats.cz)* ofrece recorridos en barcos con propulsión eléctrica aptos para familias. También hay cruceros al atardecer y barcos que organizan fiestas (se recomienda el Bukanyr; *bukanyr.cz*).

Panorámica nocturna de Staré Mĕsto y el Moldava

TOP 10
MÚSICA EN VIVO

Reduta, club de jazz

1. Reduta
Reduta *(p. 123)* ofrece actuaciones de jazz: Bill Clinton ha tocado aquí el saxo.

2. U Malého Glena
Este local íntimo *(p. 102)* combina música de primer nivel con un ambiente relajado.

3. Ungelt
🅟 M3 🅐 Jilská 1a
En el sótano se puede escuchar jazz, blues y en ocasiones funk y fusión.

4. AghaRTA
Actuaciones locales e internacionales en esta bodega gótica medieval *(p. 93)*.

5. Jazz Republic
Este local familiar ofrece buena comida y actuaciones nocturnas de magníficos músicos de jazz *(p. 93)*.

6. Lucerna Music Bar
Los fines de semana dedicados a los 80 y los 90 de Lucerna siguen con sus clásicos retro *(p. 123)*.

7. Jilská 22
🅟 L4 🅐 Jilská 22
Todo gira en torno a la música dance en este local de moda.

8. Futurum Music Bar
🅟 D6 🅐 Zborovská 82/7
Este amplio local acoge actuaciones de infinidad de géneros.

9. Klub FAMU
🅟 E4 🅐 Smetanovo nábř. 2
En el sótano se puede escuchar a artistas locales emergentes.

10. U Staré paní
🅟 L5 🅐 Michalská 441/9
Esta coctelería ofrece mezclas sofisticadas y jazz suave.

PLATOS TÍPICOS

Nakládaný hermelín,
un clásico de las tabernas

1 *Nakládaný hermelín*

Este queso suave y cremoso con una corteza comestible se marina en aceite con un poco de pimienta, ajo y especias. El principal ingrediente es el *hermelín*, el camembert checo. Como mejor se disfruta es con pan de centeno checo y cerveza fría.

2 *Knedlíky*

Estos buñuelos se sirven con casi todos los platos que llevan salsa. Además de las variedades tradicionales, elaboradas con pan, patatas o beicon *(špekové)*, también hay *knedlíky* rellenos de frutas *(ovocné knedlíky)*, sobre todo de ciruelas *(švestkové)*.

3 *Guláš*

Este plato checo no lleva tantas especias como su equivalente húngaro y consiste en un guiso de carne carente de verduras. Se acompaña siempre de buñuelos *knedlíky,* normalmente una mezcla de pan y patata. Se suele elaborar con ternera, pero también hay versiones con carne de venado o cerdo, e incluso vegetarianas.

4 *Řízek*

La versión checa tradicional del *schnitzel* es una chuleta de cerdo aplastada, cubierta de harina, huevo y pan rallado, frita y servida con ensalada de patatas. Muchos locales ofrecen una alternativa de pollo o ternera, acompañada de patatas fritas.

5 *Utopence*

Estas salchichas, ligeramente agrias y acompañadas por grandes cantidades de cebollas en vinagre, son el acompañamiento perfecto para la cerveza regional; sirven como almuerzo o como tentempié a media tarde.

6 *Smažený sýr*

Semejante a las varitas fritas de mozzarella, este trozo de queso tierno, empanado y frito, se suele servir con patatas fritas *(hranolky)* y salsa tártara. Como ocurre con la mayoría de los platos checos, no es muy apropiado para el colesterol.

7 *Halušky*

Los alemanes llaman *spaetzle* a estos fideos de formas caprichosas. Se incluyen en los menús checos como

Halušky **eslovaco**
con col y beicon

**Svíčková na smetaně,
un plato de carne checo**

homenaje a Eslovaquia, país de donde son originarios. Se pueden tomar *s zelím* (con *chucrut*) o *s bryndzou* (con queso fuerte y cremoso). Se trata de una económica y saciante alternativa a la pasta en Europa del Este.

8 Svíčková na smetaně
Pariente dulce del *guláš;* el filete de ternera asado a la cazuela se sirve con crema dulce de zanahoria y con nata o arándanos. Dicen que era uno de los platos favoritos del presidente Václav Havel. Es impensable tomarlo sin buñuelos salados, que empapan la salsa.

9 Vepřoknedlozelo
El *vepřové knedlíky a zelí* –cerdo, buñuelos y *chucrut*– tiene mucha grasa y es sabroso, como la auténtica cocina checa. Al pedir este plato en lugar de *guláš* el camarero quedará impresionado, siempre que se acierte a pronunciar el nombre correctamente.

10 Rohlíky
Básicos en la dieta checa, estos panecillos alargados se sirven para acompañar el desayuno, la comida o la cena. Hay que untarlos con queso fresco o mojarlos en la salsa; también se suelen tomar con paté o se utilizan para los perritos calientes en los puestos callejeros.

TOP 10
CERVEZAS CHECAS

1. Staropramen
La cerveza favorita en Praga tiene un sabor ligero y afrutado. Fabricada en el barrio de Smíchov, su popularidad debe tanto a la publicidad como al consumo de los vecinos.

2. Pilsner Urquell
La cerveza checa más famosa del mercado internacional procede del pueblo de Plzeň, a 80 km al suroeste de Praga. Sabe mucho a lúpulo.

3. Krušovice
Rodolfo II estableció la fábrica Krušovice, que produce esta cerveza dulce y algo insípida. Conviene probar la variedad oscura y densa *(tmavé).*

4. Budvar
Fabricada en el pueblo de České Budějovice, esta cerveza es muy diferente de la Budweiser norteamericana.

5. Velkopopovický Kozel
Cerveza fuerte y de textura fina; algunos dicen que es la mejor del mundo.

6. Bakalář
Esta cerveza *ležák* rubia se fabrica en Rakovník, a 50 km al oeste de Praga.

7. Gambrinus
Elaborada por Pilsner Urquell, es la mejor cerveza del país.

8. Bernard
El sabor agridulce y el aroma a lúpulo son característicos de esta cerveza no pasteurizada.

9. Únětické
Quizá sea difícil encontrar esta popular cerveza artesana de una pequeña fábrica familiar, pero vale la pena intentarlo.

10. Svijany
Esta fábrica produce cervezas muy valoradas, tostadas y ligeras, incluida la *lager* Svijanský Máz.

Cerveza Staropramen

Clientes disfrutando de sus bebidas en U Fleků

BARES Y CERVECERÍAS

1 U Fleků
La cervecería más antigua de la ciudad, que data de 1499 *(p. 124)*, es famosa por su deliciosa *lager* oscura y por sus precios asequibles. Las copas de Becherovka que se sirven no corren a cuenta de la casa, aunque se ofrecen

sin cesar hasta que el cliente ha dicho *ne* al menos cinco veces. A este establecimiento acuden, no sin razón, muchos turistas.

2 Café Slavia
Al otro lado del Teatro Nacional y en una animada calle ribereña, el Café Slavia *(p. 94)*, con su interior *art déco* de la década de 1930, es un famoso café literario. Lo frecuentan espectadores del teatro, actores y dramaturgos. Se puede disfrutar de un café y un postre al final del día o después de una función admirando las vistas del río, el puente de Carlos IV y el castillo.

3 U Zlatého tygra
Esta taberna legendaria *(p. 94)*, que fue frecuentada por el difunto escritor Bohumíl Hrabal *(p. 57)*, sirve la mejor Pilsner Urquell de barril de Praga. Además, la carta ofrece el famoso queso con cerveza, tentempiés y café. Los clientes habituales no se impresionaron cuando el presidente Václav Havel trajo aquí a Bill Clinton, antiguo presidente de Estados Unidos, a tomar una cerveza, por lo que el visitante no debe esperar que le presten mucha atención.

4 Café Savoy

Con su interior *art nouveau* y sus altos techos de estilo neorrenacentista, el Café Savoy *(p. 103)* está considerado uno de los más atractivos y estilosos de Praga. Situado cerca del parque Kampa y la colina Petřín, a pocos pasos del Moldava, es el lugar perfecto para disfrutar de un desayuno o una comida a lo grande. La carta habitual y de temporada incluye diversas ensaladas, carnes asadas y especialidades checas. Disfrute del café con uno de sus clásicos postres checos.

5 Kenton's

Una de las mejores coctelerías de Praga. A pesar de la ambientación de la década de 1920, este establecimiento *(p. 93)* es relativamente nuevo. No hay espectáculo de malabares con las bebidas; las mezclas se realizan con rigor. Se sirven *dry martinis* y, con suerte, se encuentra asiento. Abre hasta las 3.00. También se pueden aprender trucos de barman en las clases habituales de mezcla.

6 U Tří Růží

Este buen restaurante checo y cervecería artesana *(p. 94)* resulta ideal para el centro de Staré Město. Decorado a base de murales sobre la historia de la fabricación de cerveza en tierras checas. Hay una *lager* oscura y ligera, una roja de Viena –a base de malta caramelizada– y cerveza de trigo. La parte de abajo puede resultar ruidosa. Para conseguir mesa es aconsejable reservar.

7 Grand Café Orient

Este café *(p. 94)* ubicado en la primera planta de la famosa Casa de la Virgen Negra fue diseñado por Josef Gočár en 1912 bajo la influencia del cubismo. No deja indiferente a todo el que lo visita. Ofrece desayunos y almuerzos, así como distintas clases de té, carta de vinos y cócteles.

8 Hemingway Bar

Una coctelería a la vieja usanza *(p. 93)*, con camareros elegantes que sacan lustre a las copas antes de servir a la perfección un *old fashioned* o un *whiskey sour*. La carta de cócteles ofrece centenares de combinaciones clásicas e, incluso, una selección de absentas checas, francesas y suizas de primera. Imprescindible reservar.

9 Black Angel's

Este bar *(p. 93)*, ubicado en la segunda planta del hotel U Prince, está inspirado en la década de 1930, entre cantería gótica y románica original. Ofrece excelentes cócteles en su sofisticado interior, con fabulosas vistas de la plaza de la Ciudad Vieja y del centro de la ciudad.

10 Pivovarský dům

Excelente comida checa tradicional. El cervecero de la casa siempre está elaborando nuevos sabores para sus bebidas, como es el caso de la *lager* al café o la cerveza amarga al champán. Un buen lugar *(p. 124)* si se prefieren cervezas de hierbas o afrutadas. Los interesados en la fabricación de cerveza pueden contemplar los tanques de fermentación.

Salón comedor del popular Pivovarský dům

TIENDAS Y MERCADOS

1 Botanicus
En Botanicus (p. 92) se pueden adquirir diversos aceites y sales para tomar un baño caliente que alivie el cansancio del viajero; también venden perfumes, velas, jabones y toda clase de productos para la belleza y la salud. Hay dos sucursales en la ciudad, una al lado de la otra, en la plaza de la Ciudad Vieja.

2 Hračky U zlatého Iva
Esta céntrica tienda de juguetes (p. 92) ofrece, en sus diferentes plantas, una gran variedad de tradicionales juguetes checos de madera, la mayoría de ellos de producción local. La tienda tiene una decoración inspirada en el Krtek (un pequeño topo, el personaje animado más popular del país), que encantará a los más pequeños.

3 Art Deco
Al entrar en esta tienda (p. 92) abarrotada de muebles antiguos, ropa de época y objetos de antaño, el visitante tiene la sensación de trasladarse a los tiempos de la I República. Se pueden comprar complementos de la década de 1920, como boquillas de cigarrillo o botines de paño, y adquirir un reloj art nouveau o una licorera.

4 Erpet Crystal
Esta tienda (p. 92), ubicada en la famosa plaza de la Ciudad Vieja, es ideal para comprar cristal y joyas en

Decantadores de vidrio en el Erpet Crystal

una sola visita. En Erpet venden cristal de Bohemia, joyas con granates, vidrio esmaltado, candelabros y espléndidas piezas de los fabricantes Moser, Goebel y Swarovski. Los clientes pueden decidir qué comprar mientras toman un café en el salón del establecimiento.

5 Dorotheum
🔲 M4 📍 Ovocný trh 2
Las sucursales de Dorotheum, presentes en todo el mundo, tienen sus raíces en la casa de empeño de Viena, establecida por el emperador José I en 1707. Miembro de la Asociación Internacional de Subastadores, Dorotheum celebra subastas varias veces al año y mantiene abierta una galería con pinturas, joyería, platería, cristalería, porcelana y mobiliario, así como otros artículos para coleccionistas. Sus subastas son populares tanto entre clientes locales como extranjeros.

6 Artěl
El nombre de Artěl (p. 101) proviene de un grupo de artesanos bohemios de principios del siglo XX. Tiene una larga tradición en la fabricación de vidrio. Trabajan mano a mano con artesanos

Refinadas y coloridas piezas de cristal tallado en Artěl

cualificados para crear colecciones de diseños frescos y elegantes. Han trabajado para algunas marcas de lujo, como Burberry o Gucci.

7 Manufaktura

Esta popular cadena de tiendas de regalos *(p. 92)*, una firma original de la República Checa, es famosa por su línea de cosmética natural y complementos. También venden recuerdos checos y de Moravia. La línea de cosméticos y los accesorios, como velas aromatizadas, porcelana o utensilios de masaje, son ideales para el baño doméstico.

8 Local Artists Praha
🅟 L4 🅐 Karlova 21

En el paseo que hay a lo largo de la turística calle Karlova, se halla este pequeño taller, donde cada elemento es testimonio de las tradicionales artes checas. Su colección única incluye cerámica hecha a mano y cosmética de cerveza.

9 Havelské Tržiště
🅟 M5 🕒 7.00-19.00 diario

El único mercado que se conserva en Staré Město data de 1232. El mercado original se extendía desde la calle Havelská, donde se encuentra el mercado actual, hasta la calle Rytířská y la plaza Uhelný trh, que discurren paralelas. Ofrece una selección de frutas y verduras frescas.

10 Mercado de Productores de Náplavka
🅟 E6 🅐 Náplavka 🕒 8.00-15.00 sá 🅦 farmarshetrziste.cz

El animado mercado de alimentos junto al río es el lugar donde pasar los sábados estivales, cuando toda la ciudad parece salir a comprar verdura fresca, pan y carne. Se puede pasear por la orilla y tomar una cerveza o un café en las animadas calles. Si se sigue el curso del Moldava más allá del Teatro Nacional, se llega al mercado.

Mercado de Productores de Náplavka, junto al Moldava

PRAGA GRATIS

1 Reloj astronómico
📍 L4 🏛 Ayuntamiento de la Ciudad Vieja

Bajo el ayuntamiento gótico de la Ciudad Vieja, junto con centenares de turistas, contemplar maravillado el reloj medieval y su desfile horario (a las horas en punto, desde las 9.00 hasta las 23.00) es un rito de paso. Es breve, pero de visita obligada.

2 Jardines del castillo de Praga
📍 C2 🏛 Castillo de Praga 🌐 hrad.cz

Visitar las colecciones permanentes del castillo de Praga supone un importante desembolso en entradas. En lo que muchos turistas no reparan es que es absolutamente gratis entrar en los jardines y pasear por ellos sin restricciones. El cambio de guardia del castillo tiene lugar a las horas en punto, de 7.00 a 20.00 (de 7.00 a 18.00 en invierno).

3 Antiguo cementerio judío
Diseminado en siete emplazamientos de Praga, el Museo Judío es un entorno de primera con piezas imponentes y precios de entrada ajustados. Si pagar el máximo se sale del presupuesto, se puede echar un pequeño pero interesante vistazo a la multitud de sombrías lápidas del antiguo cementerio judío (p. 113) a través de una ventana del muro occidental en Ulice 17 listopadu.

4 Muro de John Lennon
Este elevado tramo de muro está cubierto de grafitis dedicados a John Lennon, líder de los Beatles. Es un lugar relajante e, incluso, espiritual (p. 97). De vez en cuando algunos músicos se arrancan con versiones propias de *Yesterday* o de *Imagine*. La sosegada isla Kampa (p. 98), a un minuto andando hacia el este desde el muro, está llena de delicias ocultas e interesantes paseos.

5 Cementerio de Vyšehrad
📍 B6 🏛 Vyšehrad
🌐 praha-vysehrad.cz

El cementerio de la fortaleza de Vyšehrad (p. 127) es el camposanto más importante del país y la entrada es gratuita. Los entusiastas de la música clásica disfrutarán buscando las sepulturas de Antonín Dvořák o Bedřich Smetana, entre otros. Muchas de las lápidas son obras de arte.

6 Jardín Botánico de la Universidad Carolina
📍 F7 🏛 Na Slupi 16 🕐 10.00–18.00 diario; abr-ago: 10.00-19.30 diario
🌐 bz-uh.cz

Este jardín, una acogedora zona verde en el centro de Praga, se inauguró en 1898 y se fue ampliando gradualmente hasta incluir un arboreto, invernaderos, estanques y un gran jardín alpino. Es un lugar agradable para relajarse.

7 Visitas guiadas gratuitas
📍 P4 🏛 Staré Město
🌐 extravaganzafreetour.com

Es una forma estupenda de explorar Praga con un guía (en inglés y francés). Las visitas guiadas gratuitas están organizadas por guías acreditados aficionados a la historia y con mucho

Lápida de Antonín Dvořák

Panorámica del Moldava desde Letná

don de gentes. Aun cuando la propina es generosa, suponen un ahorro de dinero. Suelen empezar en la torre de la Pólvora a las 11.00 y en el puente de Carlos IV a las 13.00.

8 Vista desde Letná
E1 ☐ Las afueras

Si se suben los escalones del extremo septentrional de Čechův most (en checo, 'puente'), al norte de la plaza de la Ciudad Vieja, se obtienen unas vistas de postal de Staré Město y los puentes que cruzan el río. Se alcanza a ver el metrónomo *(p. 128)* de la colina.

9 Jardín Wallenstein
D2 ☐ Malá Strana
☐ Abr-oct: 7.30-18.00 lu-vi, 10.00-18.00 sá y do; jun-sep: 7.30-19.00 lu-vi, 10.00-19.00 sá y do ☐ senat.cz

Malá Strana está lleno de parques renacentistas y barrocos que cobran precio de entrada, pero este adorable parque del siglo XVII *(p. 66)* es gratuito. El palacio, que alberga el Senado checo, también se puede visitar *(p. 100)*.

10 Vojanovy sady
D2 ☐ U lužického semináře 17
Malá Strana cuenta con muchas zonas verdes, pero el parque Vojan destaca por su encanto romántico. Los tulipanes, los frutales en flor y algún pavo real contribuyen a crear un ambiente de fantasía.

TOP 10
CONSEJOS

1. En Praga, la ópera y la música clásica están subvencionadas y las entradas raras veces cuestan más que unos pocos miles de coronas.

2. Se puede alquilar una habitación individual o doble en un albergue. Muchos lo ofrecen a un precio muy inferior al de un hotel.

3. Conviene planificar el viaje fuera de la temporada alta, cuando los precios de los hoteles se ponen por las nubes.

4. Es una buena idea valorar la posibilidad de alquilar un apartamento si se van a pasar tres o más días. No solo se ahorra, sino que se gana en intimidad.

5. Vale la pena comprar un bono de transporte público para uno o tres días. Son válidos para metro, tranvías, autobuses, trenes y barcos. Se ahorra dinero y no hay que comprar billete para cada viaje.

6. Desde el aeropuerto se puede tomar el autobús municipal para ir a la ciudad. Un billete individual de 40 Kč deja al visitante cerca del hotel.

7. No es preciso tomar un taxi. En la ciudad, la mayoría de las distancias se pueden recorrer andando y el transporte público es fiable y barato.

8. Merece la pena salir a comer en lugar de a cenar para aprovechar los populares menús de tres platos.

9. Se puede pedir cerveza en vez de vino en las comidas. Los vinos checos son de calidad muy diversa; la cerveza local suele ser más barata y de excelente calidad.

10. Es recomendable buscar bares en barrios periféricos, como la barriada de Žižkov, donde una jarra de medio litro de cerveza puede costar la mitad que en el centro.

Una interpretación de música clásica

FESTIVALES Y EVENTOS

1 Masopust
Martes de Carnaval
Los habitantes se visten con máscaras, cantan y bailan por las calles durante el carnaval checo. Masopust significa 'fiesta de la carne' en checo antiguo, en alusión a la plétora de festines gastronómicos que también se ofrecen. Las celebraciones se concentran en el barrio de Žižkov (p. 128).

2 Primero de mayo
1 mayo
Es costumbre que las parejas visiten la estatua del poeta romántico checo Karel Hynek Mácha en la colina Petřín (p. 46). Para otros, la fiesta nacional se pasa intentando olvidar los viejos mítines comunistas obligatorios.

3 Festival Internacional de Música Primavera de Praga
Mayo-junio
Má vlast, o Mi país (p. 57), de Bedřich Smetana, da comienzo a este festival anual de tres semanas de duración que atrae a intérpretes y aficionados a la música clásica de todo el mundo. La ronda de conciertos se cierra con la Novena Sinfonía de Beethoven.

4 Tanec Praha
Mayo, junio
Este festival internacional de danza es una cita anual ineludible de Praga. La escena local de la danza se ha beneficiado enormemente de él, y ahora el público puede ver producciones contemporáneas durante todo el año.

5 Festival Internacional de Cine de Karlovy Vary
Julio
Permite codearse con las estrellas mientras se proyectan películas en este festival. La gran cantidad de asistentes pone patas arriba durante nueve días la tranquila ciudad balneario de Bohemia occidental, a 130 km de Praga.

6 Festival de Teatro Callejero
Julio
Za dveřmi (Detrás de la puerta) es un festival internacional de arte callejero con teatro, acrobacias, desfiles y malabares en las calles y plazas de Praga.

7 Festival Internacional de Danza Folclórica de Bohemia
Agosto
Este festival ha sido un éxito desde su primera edición en 2005. Ahora se ha

**Artistas en el desfile
del Masopust**

expandido más allá de Praga, como
DanceBohemia, y reúne a conjuntos de
danza folclórica no profesionales de
todo el mundo.

8 Festival de Escritores de Praga

Salman Rushdie, Susan Sontag y Elie
Wiesel son algunos de los autores que
han asistido a este acontecimiento anual.
El festival se celebra cada primavera.

9 Signal
Octubre

Esta fiesta anual de las luces es uno de
los acontecimientos más populares
de la ciudad. Durante cuatro días
Praga se llena de mágicas exhibiciones
artísticas que celebran la cultura digital
y creativa.

10 Mikuláš, Vánoce, Silvestr
Diciembre

Durante las celebraciones navideñas el
vino caliente comienza a fluir el día de
san Nicolás (*Mikuláš*, 6 de diciembre) y
no se detiene hasta que se ha comido
toda la carpa de Navidad (*Vánoce*) y se
han agotado los arsenales de fuegos
artificiales de Nochevieja (*Silvestr*).

**Bailarines en el Festival Internacional
de Danza Folclórica de Bohemia**

TOP 10
FIESTAS NACIONALES

**1. Renovación de la independencia
del Estado checo**
1 enero
Marca la división de Checoslovaquia
en 1993.

2. Lunes de Pascua
Marzo-abril
Según la tradición, los checos golpean
suavemente a sus mujeres con una
rama. Se está abogando por poner fin
a esta tradición.

3. Día del Trabajo
1 mayo
Se colocan flores bajo la estatua de
Karel Hynek Mácha, en la colina
Petřín.

4. Día de la Liberación
8 mayo
Numerosos monumentos se adornan
con flores en recuerdo de los caídos
ante los alemanes en 1945.

**5. Día de los Santos Cirilo y
Metodio**
5 julio
Estos misioneros griegos *(p. 118)*
trajeron a estas tierras el cristianismo
y el alfabeto cirílico.

6. Aniversario de Jan Hus
6 julio
Los checos rinden homenaje a esta
célebre figura nacional *(p. 29)*.

7. Día del Estado Checo
28 septiembre
En el día de san Wenceslao se
recuerda la historia de Bohemia.

8. Día de la Independencia
28 octubre
En este día de 1918 Checoslovaquia
se proclamó independiente del
Imperio austrohúngaro.

**9. Día de la Lucha por la Libertad
y la Democracia**
17 noviembre
En el aniversario de la Revolución de
Terciopelo *(p. 11)* de 1989 se colocan
velas y flores.

10. Navidad
24-26 diciembre
Las calles se llenan de vendedores de
carpas y gente que bebe vino caliente.

RECORRIDOS

Tejados de Staré Město

STARÉ MĚSTO

Numerosas capas de historia que se remonta a varios cientos de años conforman el corazón histórico de Praga. Sus edificios más antiguos disponen de sótanos dobles, debido a un programa de prevención de inundaciones que enterró las calles primitivas 3 m por debajo de las actuales. En arquitectura abarca todos los estilos, desde el románico hasta el brutalismo de los almacenes Kotva de mediados de la década de 1970. Antiguamente, los burgueses de Staré Město (Ciudad Vieja) no mantenían buenas relaciones con el barrio del castillo y viceversa, pues la ciudad era bastión de las ideas protestantes. Staré Město sigue siendo más animada que Malá Strana y Hradčany. La febril actividad se mantiene a todas horas en sus cafés, restaurantes y teatros.

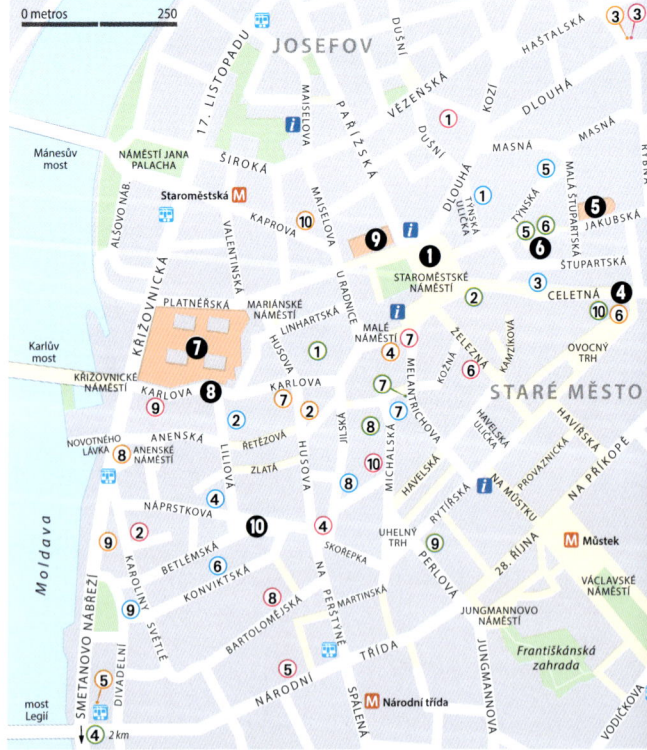

Para alojamientos en la zona, ver p. 144

**Fachadas góticas y barrocas
en la plaza de la Ciudad Vieja**

1 Plaza de la Ciudad Vieja

A lo largo de los siglos esta tranquila plaza *(p. 28)* ha presenciado cientos de ejecuciones, capitulaciones políticas y, más recientemente, celebraciones de los aficionados al hockey sobre hielo. Hoy la acción se centra en los grupos de visitantes y vecinos de Praga, que disfrutan de un café o una jarra de cerveza en una terraza. Dominada por la grandiosa iglesia de Nuestra Señora de Týn *(p. 51)*, la plaza siempre está rebosante de vida; sea invierno o verano, es un lugar ideal para observar el día a día.

2 Casa Municipal

🔲 P3 🏛 Náměstí Republiky 5
🌐 obecnidum.cz 📞🐦

El artista del resurgimiento nacionalista Alfons Mucha fue uno de los eminentes maestros que donaron su talento a la casa Municipal *(Obecní dům)*, el más destacado de los edificios *art nouveau* de Praga. Resalta por su espectacularidad el mosaico de Karel Špillar titulado *Homenaje a Praga,* que corona la entrada principal. Este edificio fue escenario de la proclamación del Estado independiente de Checoslovaquia en 1918. Es la sede de la Orquesta Sinfónica de Praga en la Sala Smetana *(p. 72)*.

3 Torre de la Pólvora

🔲 P4 🏛 Náměstí Republiky
🕐 10.00–19.00 diario (jul y ago: hasta 21.00; oct–mar: hasta 18.00; dic: hasta 20.00) 📞

En el siglo XV, el rey Vladislav II puso la primera piedra de esta torre en la puerta oriental de la ciudad. Su nombre proviene de su función en el siglo XVII como almacén de pólvora. La torre fue seriamente dañada durante los ataques de las fuerzas prusianas en 1757. La fachada neogótica que hoy se contempla, con su ornamentada decoración escultórica, data de 1876.

Emblema de casa tradicional, Celetná

como el más ornamentado de Praga. La iglesia, fundada en 1232 por Wenceslao I, es famosa por la leyenda del brazo momificado que cuelga sobre la entrada *(p. 60)*. Tiene una acústica excelente y son muy recomendables los recitales de órgano que se celebran aquí.

6 Ungelt
M3

También conocido como el patio de Týn, en el siglo X era un barrio de mercaderes fortificado. Las casas góticas y barrocas se rehabilitaron por completo en 1990 y hoy conforman una de las más encantadoras zonas comerciales de Praga.

4 Celetná
M4

La ruta medieval desde el bohemio pueblo minero de Kutná Hora pasaba por la calle hoy conocida como Celetná, continuaba por la plaza de la Ciudad Vieja y llegaba hasta el castillo.

5 Basílica de Santiago
N3 Malá Štupartshá 6
9.30-12.00 y 14.00-16.00 diario (excepto lu y durante el servicio religioso) prahaina.minorite.cz

El interior gótico y barroco de este santuario se puede considerar

7 Clementinum
K4 Křížovnichá 190, Mariánshé náměstí 5 & Karlova 1
222 220879 Ene-mar: 10.00-18.00 diario; abr-sep: 9.00-20.00 diario; oct-dic: 9.00-19.00 diario

Construido como colegio jesuita a mediados del siglo XVII, el Clementinum alberga ahora la Biblioteca Nacional. El célebre astrónomo Johannes Kepler descubrió las leyes del movimiento planetario en la torre del Observatorio. Hay una hermosa biblioteca barroca. La capilla del Espejo acoge conciertos.

PUERTAS Y MURALLAS DE LA CIUDAD

Las murallas de Praga se levantaron en el siglo XIII como defensa ante los tártaros, y se accedía a la ciudad a través de puertas perforadas en los muros. Las murallas y los fosos perdieron eficacia defensiva con los avances en la tecnología militar, pero se descubrieron nuevos usos para las fortificaciones. Los anchos baluartes se transformaron en parques con bancos e incluso cafés. La ciudad continuó con la costumbre de cerrar sus puertas por la noche hasta bien entrado el siglo XIX.

8 Karlova
K4

Es inevitable perderse al seguir la calle Karlova desde la plaza de la Ciudad Vieja hasta el puente de Carlos IV; conviene relajarse y disfrutar de las tortuosas y desconcertantes callejuelas llenas de tiendas y cafés.

9 Catedral de San Nicolás
L3 Staroměstské náměstí
10.00–17.00 lu-sá, 12.00–17.00 do
svmikulas.cz

Esta joya del barroco comenzó siendo iglesia parroquial. Durante la Primera Guerra Mundial se usó como capilla castrense de las tropas checas. En la actualidad pertenece a la iglesia husita y funciona también como sala de conciertos.

10 Plaza de Belén
K5 Capilla: 9.00–18.00 diario bethlehemchapel.eu

Jan Hus, reformista del siglo XV (p. 29), predicaba en la capilla del lado norte de la plaza. La iglesia se convirtió en viviendas en el siglo XVIII, pero en la década de 1950 fue restaurada a su estado original.

Frescos de la biblioteca barroca del Clementinum

UN PASEO POR STARÉ MĚSTO

Mañana

Después del desayuno en la **Casa Municipal** (p. 89), sigue la visita con guía al edificio; antes de que la cafeína pierda su efecto, conviene subir a la cercana **torre de la Pólvora** (p. 89) para disfrutar de las vistas.

Hay que caminar por la calle **Celetná**, pasando bajo los arcos de Štupartská y la **basílica de Santiago**. Si dispones de 45 minutos antes de la hora en punto, atraviesa el patio del **Ungelt** hacia la **plaza de la Ciudad Vieja** (p. 28). En el **ayuntamiento de la Ciudad Vieja** observa entre bastidores cómo da la hora el **reloj astronómico** (p. 82). Otra opción es ir de compras por Ungelt y después unirse a la multitud congregada bajo el reloj para presenciar el espectáculo. Para comer, sal ligeramente de la plaza para ir a **Pasta Fresca** (p. 95), que tiene deliciosa comida italiana.

Tarde

Regresa a la plaza de la Ciudad Vieja para entrar en la tortuosa **Karlova**; esta calle se recorre tranquilamente, contemplando los antiguos edificios, y comunica con la **plaza de Belén.** Para tomarte un descanso, puedes beber una cerveza en el **U Zlatého tygra** (p. 94), a tres minutos andando hacia el norte después regresar a Karlova para visitar el **Clementinum.**

Después de arreglarte, puedes ir a un concierto o al teatro. Los espectáculos comienzan hacia las 19.30, por lo que se recomienda cenar tras la función.

Clientes en el popular centro comercial Palladium

Tiendas

1. Amadea
⊞ L4 ⌂ Melantrichova 6
Ofrece una amplia gama de productos de madera como adornos, motivos decorativos y menaje de cocina, todos ellos escogidos cuidadosamente por los propietarios.

2. Moser
⊞ M4 ⌂ Staroměstské náměstí 15
Merece la pena visitar esta cristalería clásica con tallas de cristal elaboradas por este famoso fabricante.

3. Palladium
⊞ P3 ⌂ Náměstí Republiky 1
Uno de los destinos comerciales más populares del centro de Praga. Tiene 200 tiendas que ofrecen fantásticas experiencias de compra y restauración.

4. Erpet Crystal
⊞ L4 ⌂ Staroměstské náměstí 27
Esta megatienda situada frente al reloj astronómico tiene una colección exclusiva de cristal de Bohemia, cristalería artística, joyas elegantes, figuritas de cristal y mucho más. Personal amable y atento.

5. Material
⊞ M3 ⌂ Týn 1, Ungelt
En esta tienda del patio del Ungelt se revisa la tradición checa de diseño de cristal y cristalería. Se admiran copas, jarrones, platos y candelabros en un espacio donde se fusiona el diseño clásico y moderno.

6. Botanicus
⊞ M3 ⌂ Týn 2 & 3
Tienda especializada en productos de salud y belleza elaborados en una aldea histórica situada al este de Praga. Conviene informarse sobre excursiones a este lugar. También se pueden adquirir hierbas aromáticas, aceites y otros condimentos.

7. Manufaktura
⊞ L4 ⌂ Melantrichova 17
Aquí se pueden comprar recuerdos, incluida la artesanía popular checa o juguetes tradicionales de madera. Además de eso, también hay cosmética y perfumería natural con muchos ingredientes inusuales, como cerveza, vino o sal de aguas termales.

8. Art Deco
⊞ L4 ⌂ Michalská 21
Buen sitio para encontrar un abanico de artículos que comprende desde bolsos, joyas, cerámica, cristalería y ropa de época inspirada en los comienzos del siglo XX.

9. Český Porcelán
⊞ M5 ⌂ Perlová 1
La porcelana no es tan prestigiosa como el cristal de Bohemia, pero puede ser un buen recuerdo o regalo.

10. Hračky U zlatého lva
⊞ N4 ⌂ Celetná 32
Vale la pena explorar el surtido de juguetes de madera tradicionales y juegos de mesa *(p. 80)*.

Vida nocturna

1. Kenton's
🅿 L2 🏠 V Kolhovně 3 🌐 hentons.cz
Kenton's, considerado uno de los bares más sofisticados de Praga, tiene un interior con estilo y elegante y un mostrador de madera. Buena selección de cócteles.

2. Hemingway Bar
🅿 J5 🏠 Karolíny Světlé 26
🌐 hemingwaybar.cz
Este local inspirado en Hemingway, el gran autor y amante de los bares, ofrece sus licores predilectos, como absenta, diversos tipos de ron y champán. Destaca por las mezclas.

3. Roxy
🅿 N2 🏠 Dlouhá 33 🌐 roxy.cz
Además de organizar las mejores fiestas de la capital, este local ofrece teatro experimental y música en directo.

4. Jazz Republic
🅿 M6 🏠 Jilshá 1a 🌐 jazzrepublic.cz
Uno de los mejores locales de música, con jazz, funk, blues, dance, latina, fusión o músicas del mundo las siete noches de la semana.

5. Vagon
🅿 L6 🏠 Národní třída 25 🌐 vagon.cz
Casi todas las noches grupos de rock o blues interpretan tanto temas propios como de conocidas bandas.

Música en directo en el popular local nocturno Roxy

Clásica barra en el Black Angel's

6. AghaRTA Jazz Centrum
🅿 M4 🏠 Železná 16 🌐 agharta.cz
Este local toma el nombre de un famoso álbum de Miles Davis de la década de 1970. Actuaciones de músicos checos a diario. Organiza cada año el Festival de Jazz AghaRTA.

7. Black Angel's
🅿 L4 🏠 Staroměstské náměstí 29
🌐 blackangelsbar.com
Este bar decorado al estilo de la época de la Ley Seca estadounidense ofrece cócteles creativos.

8. Friends
🅿 K6 🏠 Bartolomějshá 11
🌐 friendsclub.cz
Se trata del mejor bar de cócteles para gays de Praga. Cuenta con una fiel clientela. Las noches se animan con sesiones de DJ, karaoke y fiestas temáticas o concursos.

9. Zlatý Strom
🅿 K4 🏠 Karlova 6 🌐 zlatystrom.com
Desde aquí se puede disfrutar de unas excepcionales vistas de Praga. Cuenta con dos pistas de baile.

10. Caffrey's
🅿 M3 🏠 Staroměstshé náměstí 10
🌐 caffreys.cz
Este bar irlandés con mucho ambiente es uno de los más populares de la ciudad. La terraza-cervecería que hay delante del *pub* es el escenario perfecto para tomar una copa en verano.

Cafés y *pubs*

1. Café Obecní dům
📍 P3 🏠 Náměstí Republiky 5
🌐 havarnaod.cz
Vale la pena desayunar en este café de estilo *art nouveau* antes de salir a explorar Staré Město.

2. U Tří Růží
📍 L5 🏠 Husova 10 🌐 u3r.cz
Esta acogedora cervecería y restaurante del siglo XV, en la calle Husova, sirve cervezas elaboradas aquí y un menú clásico checo.

3. Lokál Dlouháááá
📍 N2 🏠 Dlouhá 33 🌐 lokal-dlouha.ambi.cz
Se dice que sirve la Pilsner Urquell más fresca de la ciudad, que llega a la puerta en grandes depósitos.

4. Terasa U Prince
📍 L4 🏠 Staroměstské náměstí 29
🌐 terasauprince.com
En la azotea del Hotel U Prince, este café y restaurante ofrece una experiencia gastronómica inolvidable.

5. Café Slavia
📍 J6 🏠 Národní třída 1 🌐 cafeslavia.cz
Café ubicado en el casco histórico de Praga que ofrece cocina checa e internacional, incluidas ensaladas y platos de carne y pescado.

6. Grand Café Orient
📍 N4 🏠 Ovocný trh 19
🌐 grandcafeorient.cz
Con su decoración de estilo cubista, entre las especialidades de este elegante café están las *kubistický věneček* (pastas tradicionales checas).

7. U Zlatého tygra
📍 L4 🏠 Husova 17 🌐 uzlatehotygra.cz
En el corazón de Stare Město, un *pub* famoso por su encanto de otra época y su cerveza Pilsner.

8. Museo de la Cerveza de Praga
📍 J5 🏠 Smetanovo nábřeží 22
🌐 praguebeermuseum.cz
Es en realidad un famoso local con más de 30 cervezas checas de grifo.

9. Atmosphere
📍 J5 🏠 Smetanovo náb. 14
🌐 atmosha.cz
Este café, *pub* y restaurante ofrece cerveza de tanque, vinos italianos y checos, además de un variado menú que incluye platos checos.

10. Café Ebel
📍 L3 🏠 Kaprova 11 🌐 ebelcoffee.com
Sirve uno de los mejores cafés de Praga gracias a su gran selección de grano proveniente de todo el mundo. No está lejos de la plaza de la Ciudad Vieja *(p. 28)*.

Cenando en la terraza de la azotea del Terasa U Prince

Dónde comer

PRECIOS
Una comida de tres platos con media
botella de vino (o equivalente), servicio
e impuestos incluidos.

Ⓚ menos de 500 Kč ⓀⓀ 500-1.000 Kč
ⓀⓀⓀ más de 1.000 Kč

Interior del popular Maitrea

1. Maitrea
📍M3 🏠Týnská ulička 6
🌐restaurace-maitrea.cz · ⓀⓀ
Situado junto a la plaza de la Ciudad
Vieja, Maitrea es un excelente restaurante vegetariano y vegano que sirve
comida tradicional checa junto a platos
mexicanos, tailandeses e
internacionales.

2. Wine O'Clock
📍K4 🏠Liliová 16 🕐do y lu
🌐wineoclockprague.com · ⓀⓀ
Sabrosos y ligeros platos italianos,
desde la *bruschetta pomodoro* a la
berenjena *parmiggiana*, con una copa
de vino.

3. Pasta Fresca
📍M4 🏠Celetná 11 🌐pasta-
fresca.net · ⓀⓀⓀ
El chef Tomáš Mykytyn prepara comida
italiana con ingredientes frescos de
temporada. Sus sumilleres ayudan a
los comensales en la elección del vino.

4. V Zátiší
📍K5 🏠Liliová 1 🌐vzatisi.cz · ⓀⓀⓀ
Restaurante de alta cocina consolidado
con versiones modernas y poco
convencionales de platos tradicionales
checos e internacionales.

5. Divinis
📍M3 🏠Týnská 21 🕐do
🌐divinis.cz · ⓀⓀⓀ
Restaurante de gran calidad que
aúna modernidad y tradición en un
ambiente típico italiano. Ofrece
especialidades sicilianas acompañadas
de excelentes vinos.

6. Sad Man's Tongue
📍K6 🏠Konviktská 7 🌐sadmans
tongue.com · ⓀⓀ
Este popular bar y bistró sirve una gran
ración de comida americana en el
corazón de Praga.

7. Bistro Monk
📍L4 🏠Michalská 20
🌐bistromonh.cz · ⓀⓀ
Cocina sencilla y deliciosa a base de
productos locales. Hay que probar las
tortitas con salsa de arándanos.

8. Hosarowa
📍L5 🏠Jilská 6 🌐hosarowa.
business.site · ⓀⓀ
Tiene la mejor barbacoa coreana de
Praga, junto con otros clásicos como el
bibimbap y el *garak-guksu*.

9. Století
📍N2 🏠Karolíny Světlé 21
🌐stoleti.cz · ⓀⓀ
Sirve platos con nombres de artistas,
escritores y cantantes checos en un
comedor sencillo pero elegante.
Opciones vegetarianas.

10. Plzeňská restaurace
Obecní dům
📍P3 🏠Náměstí Republiky 5
🌐pivniceod.cz · ⓀⓀ
Aquí se sirven platos clásicos checos en
un ambiente animado. El amplio menú
a la carta incluye platos como pato
asado y costillas a la parrilla.

MALÁ STRANA

Fundado en 1257, Malá Strana (Barrio Pequeño) se construyó sobre las laderas de la colina del castillo, con unas vistas magníficas del río. Las inundaciones, los incendios y las guerras multiplicaron las reconstrucciones en la orilla izquierda del Moldava; hoy apenas quedan en pie edificios románicos y góticos. Durante el reinado de los Habsburgo se construyeron grandes palacios barrocos, y actualmente muchos sirven de centros de poder (edificios del Parlamento o el Gobierno), además de embajadas. Llena de pintorescas iglesias, la zona posee bellos edificios barrocos que flanquean las sinuosas calles, que se elevan abruptamente alejándose del río y ofrecen espléndidas vistas del parque Petřín. Entre las calles hay pequeñas plazas con algunas de las estructuras más grandiosas de la ciudad y también con las mejores opciones gastronómicas.

- **1** Imprescindible
  p. 97
- **1** Dónde comer
  p. 103
- **1** Cafés y pubs
  p. 102
- **1** Tiendas
  p. 101
- **1** Palacios
  p. 100

Para alojamientos en la zona, ver p. 145

El emblemático puente de Carlos IV sobre el río Moldava

1 Puente de Carlos IV

Este espectacular puente gótico *(p. 32)*, que cruza el río Moldava y une Staré Město con el castillo, permanece en la memoria de casi todos los visitantes de Praga como la imagen más destacada e inolvidable de la ciudad.

2 Colina Petřín

Agradable contraste con las estrechas y abarrotadas calles, este extenso parque se eleva sobre las agujas y los tejados de la ciudad. Merece la pena disfrutar de las vistas desde lo alto de la colina, donde se puede llegar en funicular *(p. 47)*.

3 Nerudova

🏠 C2

Nerudova, una pintoresca callejuela flanqueada por antiguos palacios, sube desde las sinuosas calles laterales de Malostranské náměstí hasta el castillo de Praga *(p. 22)*. Debe su nombre al escritor y poeta checo del siglo XIX Jan Neruda (1834-1891), que vivió en la casa de los Dos Soles. Tradicionalmente barrio de artistas, merece la pena visitar las numerosas tiendas de artesanía y las galerías. La calle también cuenta con la mayor concentración de casas antiguas con emblemas *(p. 58)*.

4 Muro de John Lennon

🏠 D3 📍 Velhopřevorshé náměstí

Los artistas callejeros de Praga y la policía secreta libraron en su día una intensa batalla frente al muro, pues la autoridad intentaba evitar que los artistas pintasen en él. La obra original, realizada por estudiantes de arte tras el asesinato de Lennon, ha sufrido las pintadas de muchos amantes del grafiti *(p. 82)*. El Club John Lennon por la Paz se reúne aquí cada año para entonar canciones del antiguo componente de los Beatles y honrar su memoria.

5 Jardín Wallenstein

🏠 D2 📍 Abr-oct: 7.00-19.00 diario

Situados en los terrenos del palacio barroco *(p. 118)*, estos jardines no han cambiado desde que fueron creados por el duque Albrecht de Wallenstein en el siglo XVII. Destacan las magníficas estatuas de bronce y una galería decorada con escenas de la guerra de Troya.

Escultura de bronce en el jardín Wallenstein

EL BARRIO HEDONISTA

En el siglo XVIII Malá Strana se convirtió en un barrio de esparcimiento para la nobleza vienesa. Wolfgang Amadeus Mozart se entregó aquí a los brazos del placer, al igual que Casanova –en sus últimos años escribió sus memorias en el palacio que hoy acoge la embajada británica–. La tradición hedonista continúa hoy, y la juventud de Praga se congrega en el parque de la isla Kampa para tocar música, fumar y beber.

6 Iglesia de San Nicolás

C2 Malostranské náměstí
Los horarios varían, consultar la página web stnicholas.cz

Los jesuitas construyeron este impresionante templo barroco a comienzos del siglo XVIII en el emplazamiento de una antigua iglesia gótica. Este hito de Praga fue diseñado por los insignes arquitectos Christoph Dientzenhofer y su hijo Kilian; otros destacados artistas adornaron el interior con tallas, estatuas y frescos de belleza exquisita. Desde la década de 1950 la torre del reloj sirvió a menudo de observatorio y lugar de espionaje para la seguridad del Estado (policía comunista). Por un suplemento, se puede subir a la torre para disfrutar de una vista espectacular de los tejados anaranjados de Malá Strana.

7 Maltézské náměstí

C3
Los Caballeros de Malta mantuvieron un asentamiento en esta plaza que lleva su nombre. Busque el Banco de Václav Havel en el centro de la plaza. A pocos pasos de la plaza, hacia el este, hay una iglesia del siglo XII, Nuestra Señora de la Cadena, cuyo nombre alude a las cadenas que se usaban en la Edad Media para cerrar las puertas del monasterio.

8 Isla Kampa

D3-4
El pequeño Čertovka (canal del Diablo) que separa Kampa de Malá Strana se utilizó antiguamente para lavar la ropa y como zona de molinos; en el siglo XVII, la isla se hizo famosa por sus mercados de alfarería. Ahora hay un famoso parque en la zona sur, mientras que el extremo norte acoge elegantes embajadas, restaurantes y hoteles.

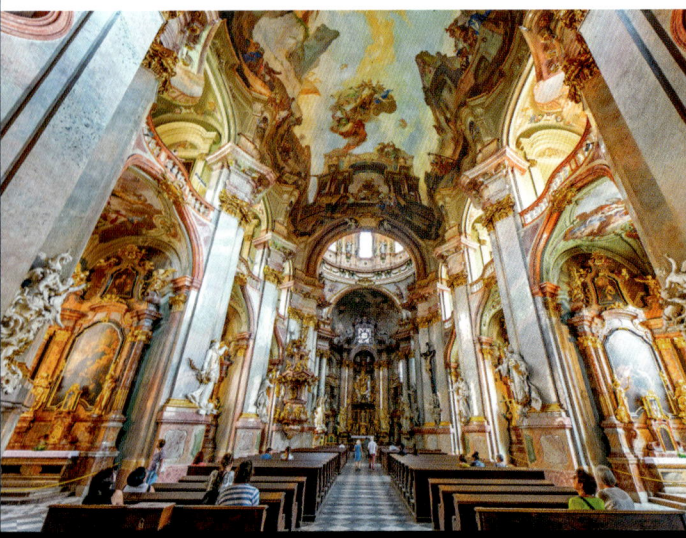

Parterres ornamentales
del jardín Vrtba

9 Jardín Vrtba

📍 C3 🏛 Karmelitshá 25
🕐 Abr-oct: 10.00-18.00 diario
🌐 vrtbovsha.cz

Magníficas vistas del castillo de
Praga y Malá Strana desde el punto
más alto de este hermoso jardín
barroco obra del arquitecto František
Maximilián Kaňka alrededor de 1720.

10 Iglesia de Nuestra Señora de la Victoria

📍 C3 🏛 Karmelitshá 9 ⛪ Iglesia:
8.30-18.00 lu-sá, 8.30-19.00 do;
Museo del Niño Jesús de Praga:
9.30-17.00 lu-sá, 13.00-18.00 do

También conocida como iglesia
del Niño Jesús de Praga, la primera
iglesia barroca de la ciudad (1611)
debe su nombre y su condición
católica a la batalla de la Montaña
Blanca (p. 9). Los peregrinos forman
largas colas para contemplar la
imagen del Niño, a la que se
atribuyen milagros (p. 50).

Espléndido interior barroco
de la iglesia de San Nicolás

🕐

UN DÍA EN MALÁ STRANA

Mañana

Puedes llegar al Barrio Pequeño
desde Staré Město por el **puente de
Carlos IV** (p. 32), como hacían las
comitivas reales, o bien ahorrar
energía e iniciar el paseo en lo alto de
la colina. Hay que llegar a **Nerudova**
(p. 97) por una de las calles laterales
que parten de Hradčany, y caminar
por esta vía disfrutando de los
escaparates de las tiendas de
artesanía. Siempre que se mantenga
el rumbo colina abajo, se terminará
en el corazón de Malá Strana,
Malostranské náměstí. Conviene
pasar al menos una hora en esta
plaza y admirar la **iglesia de San
Nicolás.** Se recomienda comer en uno
de los cafés de Malostranské náměstí.

Tarde

Tras la comida, hay que caminar por
Tomášská y Valdštejnské para llegar
al **jardín Wallenstein** (p. 66). Después
del paseo entre los tulipanes de
Vojanovy sady (p. 83), el recorrido
continúa hasta U lužického semináře,
bajo el puente de Carlos IV, y llega a
la **isla Kampa.** Explora la isla y
después ve a echar un vistazo a los
mensajes escritos en el **muro de John
Lennon** (p. 82) antes de visitar la
**iglesia de Nuestra Señora de la
Victoria** para, finalmente, disfrutar de
las vistas del atardecer desde
el punto más alto del **jardín Vrtba.**

A última hora, descansa en el Banco
de Václav Havel en el centro de
Maltézské náměstí o dirígete hacia
U Malého Glena (p. 102) para
relajarte escuchando jazz y blues.

Palacios

1. Palacio Nostitz
◆ D3 ⌂ Maltézské náměstí 1
En este restaurado palacio del siglo XVII se celebran conciertos de música de cámara. El palacio es hoy la sede del Ministerio de Cultura checo.

2. Palacio Thun-Hohenstein
◆ C2 ⌂ Nerudova 20
Las águilas heráldicas de la familia Kolowrat coronan la entrada. Construido por Giovanni Santini-Aichel en 1721, el edificio es la actual sede de la embajada de Italia.

3. Palacio Liechtenstein
◆ C2 ⌂ Malostranské náměstí 13
ⓦ amu.cz
Un primitivo conjunto de viviendas pasó a conformar el palacio en el siglo XVI. Hoy es la sede de la Academia de Música de Praga y celebra conciertos y recitales.

4. Palacio Morzin
◆ C2 ⌂ Nerudova 5
Una pareja de gigantescas estatuas moriscas (de ahí el nombre) adornan la fachada de la embajada de Rumanía; se dice que ambos personajes recorren de noche Malá Strana.

5. Palacio Wallenstein
◆ D2 ⌂ Valdštejnské náměstí 4
◷ 10.00–18.00 sá ⓦ senat.cz ♿
El general Wallenstein rebasó todos los límites al mandar construir este ostentoso monumento. En los frescos este militar de la guerra de los Treinta Años aparece como Aquiles y Marte.

6. Palacio Buquoy
◆ D3 ⌂ Velkopřevorské náměstí 2
Este palacio estucado dista solo unos metros del muro de John Lennon, aunque en el terreno estético la distancia es infinita. El embajador de

Francia colaboró en la conservación del grafiti.

7. Palacio Michna
◆ C4 ⌂ Újezd 40
Francesco Caratti tomó Versalles como modelo en el siglo XVII. El edificio alberga la sede del Movimiento de cultura física Sokol.

8. Palacio Schönborn
◆ C3 ⌂ Tržiště 15 ⓦ schoenbrunn.at
El conde Colloredo-Mansfeld fue propietario del edificio en el siglo XVII; tras perder una pierna en la guerra de los Treinta Años, reconstruyó la escalinata para poder acceder al palacio a lomos de su caballo.

9. Palacio Lobkowicz (Převorovských)
◆ B3 ⌂ Vlašská 19 ⓦ lobkowicz.cz
Sede de la embajada de Alemania; en 1989 cientos de alemanes del Este lograron el acceso a Alemania occidental escalando la valla trasera.

10. Palacio Kaunitz
◆ C3 ⌂ Mostecká 15
La embajada de Yugoslavia (hoy Serbia) fue un remanso de paz hasta que la guerra la convirtió en centro de protestas.

Galería pictórica del palacio Nostitz

Bonita entrada de Květinářství u Červeného lva

Tiendas

1. Bel Art Gallery
C3 Karmelitská 26
Esta pequeña galería y tienda de bellas artes, situada en un edificio del siglo XVII, vende pinturas, esculturas y obras de cerámica contemporáneas de más de 30 artistas consagrados. Se realizan envíos internacionales.

2. Shakespeare a Synové
D3 U Lužičkého semináře 10
Librería especializada en libros extranjeros con títulos en inglés, alemán y francés. Hay espacio para lecturas y debates.

3. Muzeum Slivovice R. Jelínek
D2 U Lužičkého semináře 48
muzeumslivovice.cz
En la tienda de esta destilería museo se puede comprar una botella de *slivovice*, un aguardiente de ciruela tradicional checo. Es posible reservar una degustación antes de comprarlo.

4. Curiomat
B2 Nerudova 45
Esta pequeña tienda justo debajo de las escaleras del castillo Nuevo, vende títeres checos, regalos, juegos, cerámicas, joyas y esmaltes.

5. Artěl
D3 U Lužičkého semináře 7
Esta tienda es conocida por sus fabulosas cristalerías hechas a mano. También vende antigüedades interesantes.

6. Květinářství u Červeného lva
D3 Saská
En la tienda de flores del León Rojo se tiene la sensación de estar en plena selva. Destacan sus centros florales.

7. Perníkový panáček
D2 Cihelna 2a
Situada cerca de la entrada del Museo Franz Kafka, esta encantadora pastelería tiene todo tipo de creaciones de pan de jengibre, que son un regalo estupendo.

8. Malostranské starožitnictví
C2 Malostranské náměstí 28
Este anticuario es un verdadero tesoro de joyas, relojes, objetos de porcelana, cubiertos, fotografías y monedas. También vende artículos más grandes como instrumentos musicales.

9. Designum Gallery
C2 Nerudova 27
Esta tienda de diseño ofrece las obras de artistas emergentes al margen de las marcas y los diseñadores consolidados. Destaca sobre todo el cristal y la porcelana, así como la joyería moderna.

10. Orel and Friends
C2 Nerudova 6
Una amplia selección de artesanías checas tradicionales, como cerámica, joyería, bolsos, libros encuadernados en piel y mucho más, en una tienda única.

Cafés y *pubs*

Decoración inspirada en los Beatles de The Wall Pub

1. Bakeshop Little Bakery

📍 D2 🏠 U Lužického seminář 22

Ofrece pastas, panes, quiches y postres. También tiene un menú variable de zumos naturales, batidos y una sopa casera con picatostes.

2. Café Kafíčko

📍 C3 🏠 Maltézské náměstí 15

Este local con su excelente café y sus dulces caseros demuestra ser el lugar perfecto para escapar del frío del invierno o las multitudes del verano.

3. Baráčnická rychta

📍 C3 🏠 Tržiště 23

Esta clásica cervecería, con interior de madera, situada en un edificio modernista de la década de 1930 en Malá Strana, es pura esencia de la República Checa tradicional.

4. Cukrkávalimonáda

📍 C3 🏠 Lázeňská 7

Situada frente a la entrada de la iglesia de Nuestra Señora bajo la Cadena, el éxito de esta pequeña pastelería se basa en *cukr* (azúcar), *káva* (café) y *limonáda* (limonada).

5. Alebrijes

📍 D2 🏠 U Lužického Semináře 109/38 🌐 alebrijescocina mexicana.com/general-1

Acogedor restaurante y bar para disfrutar con amigos y familiares de la cocina tradicional mexicana.

6. U Kocoura

📍 C2 🏠 Nerudova 2

Se podría pensar que la clientela habitual de esta popular taberna de Malá Strana está acostumbrada a los turistas; no obstante, suelen mirarlos con sorpresa. Excelente Pilsner.

7. Kofárna Café

📍 D4 🏠 Zborovská 60

Además de un excelente café, ofrece muchas alternativas a base de plantas. Destaca el humus israelí.

8. Café Bella Vida

📍 D4 🏠 Malostranské nábřeží 3

En este local sirven sus mezclas de café, minipostres y sándwiches. En el jardín hay hermosas vistas del puente de Carlos IV y el castillo de Praga.

9. U Malého Glena

📍 C3 🏠 Karmelitská 23 🌐 malyglen.cz

"El pequeño local de Glen", el local de jazz más pequeño de Praga, también tiene un acogedor restaurante donde disfrutar de comida variada y *brunch* los fines de semana.

10. The Wall Pub

📍 D3 🏠 Hroznová 495/6

A menos de un minuto a pie del muro de John Lennon, este *pub* rinde homenaje al legendario cantante. En su jardín se pueden degustar sus carnes y hamburguesas.

Dónde comer

1. Cantina
🗺 C4 🏠 Újezd 38 🌐 cantinana brezi.cz · Ⓚ Ⓚ

Las fajitas son soberbias; hay que probar las de pollo, ternera, cerdo o gambas.

2. Augustine Restaurant
🗺 D2 🏠 Letenská 12/33 🌐 augustine-restaurant.cz · Ⓚ Ⓚ Ⓚ

Este restaurante sirve cocina europea elaborada con ingredientes de temporada y una amplia selección de bebidas.

3. Malostranská Beseda
🗺 C2 🏠 Malostranské náměstí 21 ☎ 257 409112 · Ⓚ Ⓚ

Ubicado en un elegante edificio del corazón de Malá Strana, este acogedor lugar sirve comida y cerveza tradicionales checas.

4. Czech Slovak Restaurant
🗺 C4 🏠 Újezd 20 🌐 czech slovak.cz · Ⓚ Ⓚ Ⓚ

Este lugar lleva al siglo XXI platos tradicionales checos y eslovacos con cierto estilo artístico.

5. Ichnusa Botega Bistro
🗺 D4 🏠 Plashá 5 ☎ 605 375012 · Ⓚ Ⓚ

Bistró gestionado por una familia que ofrece exquisitos platos sardos.

6. Kampa Park
🗺 D3 🏠 Na Kampě 8b 🌐 kampapark.com · Ⓚ Ⓚ Ⓚ

Este restaurante a orillas del río Čertovka ofrece clásicos europeos y cocina de fusión.

PRECIOS

Una comida de tres platos con media botella de vino (o equivalente), servicio e impuestos incluidos.

Ⓚ menos de 500 Kč Ⓚ Ⓚ 500-1.000 Kč
Ⓚ Ⓚ Ⓚ más de 1.000 Kč

---

7. Terasa U Zlaté studně
🗺 C2 🏠 U Zlaté studně 4 🌐 terasa uzlatestudne.cz · Ⓚ Ⓚ Ⓚ

Con sus pintorescas vistas, su decoración elegante y su cocina clásica, este magnífico restaurante es un escenario perfecto para celebraciones con amigos y familia.

8. Coda Restaurant
🗺 C3 🏠 Tržiště 9 🌐 coda restaurant.cz · Ⓚ Ⓚ Ⓚ

Vistas espectaculares desde la azotea del Aria Hotel mientras se saborean deliciosos platos checos.

9. St Martin
🗺 C3 🏠 Vlašská 7 🌐 stmartin.cz · Ⓚ Ⓚ

Platos tradicionales checos con giros asiáticos de clásicos americanos.

10. Café Savoy
🗺 C4 🏠 Vítězná 5 🌐 cafesavoy.ambi.cz · Ⓚ Ⓚ Ⓚ

Un característico café praguense con techos altos y grandes ventanales.

Clientes en el concurrido Café Savoy

EL CASTILLO DE PRAGA Y HRADČANY

Fundado por el príncipe Bořivoj en el siglo IX, el castillo de Praga se yergue junto a su catedral en la colina Hradčany, dominando la ciudad. La aldea circundante, establecida en 1320, estaba conformada por las chozas de los siervos. Tras el incendio de 1541, las humildes viviendas se sustituyeron por grandes palacios. Las reconstrucciones del recinto del castillo, en los estilos renacentista y barroco, suponen buena parte de lo que hoy se contempla. Las defensas primitivas del castillo se derrumbaron para dejar espacio a jardines, patios de armas y otras necesidades de un imperio moderno. Cuando la dinastía Habsburgo trasladó el trono imperial a Viena, el complejo de Hradčany quedó a salvo de los desastres de la guerra y la modernización. En la zona abundan los lugares de interés artístico, al igual que los románticos y resguardados senderos y parques. Todo ello supone un magnífico ejemplo de los cambios históricos y políticos sufridos por la nación checa.

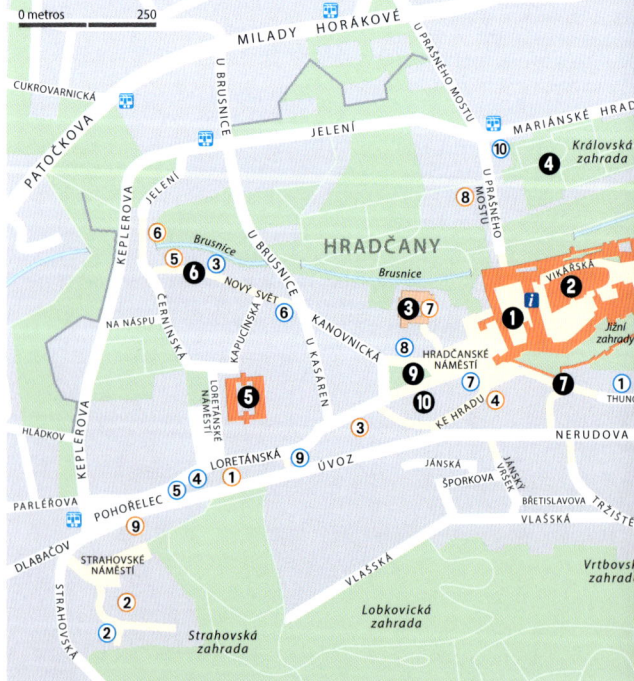

Para alojamientos en la zona, ver p. 145

**Cuadro de Bronzino
en el palacio Sternberg**

1 Castillo de Praga

El primer y principal destino turístico de la ciudad de Praga es el magnífico y, desde el punto de vista arquitectónico, variado complejo del castillo (*p. 22*). Su supervivencia a lo largo de la turbulenta historia del país realza su atractivo para los visitantes. A pesar del aspecto medieval que lo caracteriza, el castillo no ha perdido su función política, y hoy en día alberga la oficina del presidente de la República Checa.

2 Catedral de San Vito

El esplendor gótico de las agujas de San Vito (*p. 26*) se divisa desde casi toda la ciudad, pero no hay que perder la oportunidad de contemplar de cerca las hermosas vidrieras o las imponentes gárgolas.

3 Palacio Sternberg

B2 🏠 **Hradčanské náměstí 15**

Este edificio barroco, de 1689, alberga la colección de arte europeo de la Galería Nacional desde la época clásica hasta el Barroco, y es sin duda la mejor colección de arte de la época. Repartidas en tres plantas, destacan pinturas de Rubens, Rembrandt y el Greco.

4 Jardín Real

C1 🏠 **U Prašného mostu**
🕐 **Abr-oct: 10.00–atardecer diario**
🌐 **hrad.cz**

Fue construido en 1534 por Fernando I. Es posible que los visitantes lamenten la desaparición del laberinto y los árboles de ananás que un día adornaron este parque, aunque también se alegrarán de la ausencia de los leones y tigres sueltos de Rodolfo II. En estos jardines de estilo inglés se conservan la antigua residencia del presidente (que no agradaba a la primera dama), la sala del Juego de Pelota y el palacio de verano de la reina Ana (Letohrádek královny Anny), llamado Belvedere.

① Imprescindible
  p. 105

① Dónde comer
  p. 109

① Cafés y *pubs*
  p. 108

Magníficos frescos en El Loreto

7 Nueva escalinata
C2

La ruta real, establecida en el siglo XV para la coronación de Jorge de Poděbrady, discurría entre la Casa Municipal de Náměstí Republiky *(p. 89)* y el castillo. El último tramo ascendía a la colina desde este lugar, Zámecké schody, aunque la escalinata primitiva fue reconstruida.

8 Vieja escalinata
D2

La pendiente relativamente suave de la puerta trasera del castillo de Praga –Staré zámecke schody– conduce desde la estación de metro de Malostranská a la entrada este de la ciudadela. Los escalones están

5 El Loreto

Las torres blancas con cúpulas bulbosas de este barroco complejo religioso *(p. 34)* del siglo XVII parecen sacadas de un cuento de hadas.

6 Nový Svět
A2

Acurrucada bajo El Loreto *(p. 34)* y situada en la cabecera del foso del Ciervo se encuentra Novy Svět (Nuevo Mundo), la mejor calle para dar un paseo romántico. Las casas bajas, que tras el incendio de 1541 reemplazaron a los chamizos de los siervos del castillo, datan del siglo XVII. Han sido renovadas, pero están intactas. El astrónomo de Rodolfo II, Tycho Brahe, vivía en el nº 1.

FOSO DEL CIERVO

Cuando el foso del Ciervo no se utilizaba como defensa, los gobernantes lo empleaban como coto de caza. Se cuenta que Rodolfo II era muy aficionado a perseguir a los ciervos por este estrecho y boscoso barranco acompañado por sus leones. Las obras del puente de la Pólvora se realizaron para permitir a los peatones el acceso a ambas partes del foso.

rodeados de artistas y artesanos locales que venden desde dibujos a la acuarela hasta piedras pulidas.

9 Hradčanské náměstí
☑ B2

Muchos visitantes entran en esta plaza de espaldas, intentando encajar las agujas de san Vito en sus fotografías. Al apartar la mirada del lado oeste del castillo se descubren, entre otros monumentos renacentistas, el colorido palacio Arzobispal y el sobrio palacio Schwarzenberg, que acoge arte barroco bohemio de la Galería Nacional. En el césped que separa los edificios hay una columna conmemorativa que data de 1726; frente al castillo está el palacio Toskánsky, uno de los edificios del Ministerio de Asuntos Exteriores.

10 Palacio Schwarzenberg
☑ B2

En el entorno del castillo de Praga destaca el palacio Schwarzenberg, del Renacimiento temprano. Su fachada está elaboradamente decorada con grafitos. La exposición permanente reúne excelentes obras de los antiguos maestros.

Pequeñas casas rústicas en Nový Svět

UN DÍA EN HRADČANY

Mañana

Conviene empezar la jornada subiendo enérgicamente la **nueva escalinata**; después de un paseo por el recinto escénico, se deja atrás el castillo y se camina hacia el oeste para cruzar **Hradčanské náměstí.** Programa tu salida para el cambio de guardia a mediodía. Luego dirígete al **palacio Schwarzenberg** y tómate tiempo para contemplar el arte barroco checo; si no, regálate una visita a la colección de los antiguos maestros en el **palacio Sternberg.**

El paseo continúa por **Loretánská** hacia **Loretánské náměstí** para contemplar el gran **palacio Černín,** que se alza sobre **El Loreto** (p. 34). Explora el lugar de peregrinación y su museo de santos antes de almorzar en el sencillo **Kavárna Nový Svět** (p. 108).

Tarde

Hay que salir de Loretánské náměstí, pasando por el monasterio Capuchino, y continuar por Černínská colina abajo, haciendo un alto en **Nový Svět**; desde aquí se admiran las preciosas casas, y después se continúa por Kanovnická para regresar a Hradčanské náměstí.

Merece la pena dedicar el resto de la tarde a visitar el inigualable **castillo de Praga** (p. 22), la **catedral de San Vito** (p. 26), y otros lugares de interés del recinto.

Para terminar, puedes regresar a Loretánské náměstí 1 y disfrutar de una salchicha encurtida y una cerveza en la taberna **U Černého vola** (p. 108).

Cafés y *pubs*

1. U Černého vola

🕾 A2 🏠 Loretánské nám. 1

"El buey negro" es una de las cervecerías originales de Praga más populares.

2. Pivovar Strahov

🕾 A3 🏠 Strahovské nádvoří 301

Ubicada en el monasterio Strahov, fue fundada por Vladislav II en 1142. Elabora tres cervezas sin filtrar ni pasteurizar de barril.

3. Mandlárna

🕾 B2 🏠 Loretánská 5
🖥 loretansha.mandlarna.cz

Deliciosas recetas con almendras. Su especialidad es *Mandlokáva*, expreso con almendras.

4. Starbucks Pražský hrad

🕾 B2 🏠 Hradčanské náměstí - Kajetánka

Aquí se disfruta de un café en la terraza, al tiempo que se contempla la ciudad a través de uno de los telescopios. El apacible patio dispone de mesas amplias para almorzar.

5. Kavárna Nový Svět

🕾 A2 🏠 Nový Svět 2 🖥 kavarna.novysvet.net

Un pequeño café familiar escondido en una calle pintoresca. Hay que probar la sopa o la ensalada para comer, o simplemente tomar una buena taza de café.

6. Romantik Hotel U Raka

🕾 A2 🏠 Černínská 10

El Hotel U Raka, en el extremo occidental de Nový Svět, es un impresionante edificio con entramado de madera, cosa poco habitual en la República Checa. Aquí puede disfrutar de un café en su acogedor entorno.

7. Mezi řádky

🕾 B2 🏠 Hradčanské nám. 15

Situado en el palacio Sternberg, es un buen lugar para tomarse un café o un tentempié después de visitar el castillo.

8. Gallery Café

🕾 B2 🏠 U Prašného mostu 53

Un café y galería situado en el puente de la Pólvora, en el edificio de la antigua Jízdárna (Escuela de Equitación). La terraza ofrece vistas espectaculares del foso del Ciervo *(p. 106)*.

9. Café Melvin

🕾 A3 🏠 Pohořelec 8

Ubicado en una casa del siglo XV al principio de la Ruta Real, sirve diversos refrigerios, postres caseros y sándwiches.

10. Lobkowicz Palace Café

🕾 C2 🏠 Jiřská 3 🖥 lobkowicz.cz

Un agradable restaurante con vistas de la ciudad que ofrece un menú de platos ligeros. El café del patio es un buen lugar para terminar la visita al castillo.

Terraza del Lobkowicz Palace Café

Dónde comer

PRECIOS
Una comida de tres platos con media
botella de vino (o equivalente), servicio
e impuestos incluidos.

....

Ⓚ menos de 500 Kč   ⓀⓀ 500-1.000 Kč
ⓀⓀⓀ más de 1.000 Kč

**Platos tradicionales
en Kuchyň**

1. U Krále Brabantského

📍 C2 🏠 Thunovská 15 🌐 hrcma
brabant.cz · ⓀⓀ
Los amantes de la carne disfrutarán de
este restaurante de temática medieval
en un entorno genuinamente histórico.

2. Na Pekle

📍 A3 🏠 Strahovské nadvoří 1
🌐 napehle.cz · ⓀⓀ
Cocina europea en una cueva bajo el monasterio Strahov. Entre la comida tradicional checa hay falda de cerdo asada.

3. Vinobona

📍 B2 🏠 Nový Svět 11
🌐 vinobona.cz · ⓀⓀⓀ
Situado en Nový Svět (p. 106), este bistró
es de visita obligada. Ofrece deliciosos
desayunos y almuerzos. El menú
degustación del chef es estupendo, y
hay una excelente selección de vinos.

4. U ševce Matouše

📍 A2 🏠 Loretánské náměstí 4
🌐 usevcematouse.cz · ⓀⓀ
El comedor, de techos bajos y
abovedados, es muy acogedor y ha hecho
un arte de fundir queso sobre la carne.

5. Malý Buddha

📍 A3 🏠 Úvoz 46 🌐 maly
buddha.cz · ⓀⓀ
El pequeño Buda ofrece una amplia gama
de tés, así como comida vietnamita.

6. Plzeňka Nový Svět

📍 B2 🏠 Nový Svět 77 📞 773
781010 · ⓀⓀ
Este restaurante sirve una deliciosa
cocina checa e internacional y es

enormemente popular entre
praguenses y turistas por igual.

7. Kuchyň

📍 B2 🏠 Hradčanské náměstí 1
🌐 kuchyn.ambi.cz · ⓀⓀⓀ
Situado en el palacio neorrenacentista Schwarzenberg (p. 107), Kuchyň
ofrece platos checos caseros
inspirados en recetas de antiguos
libros de cocina junto con una
excelente cerveza.

8. U Labutí

📍 B2 🏠 Hradčanské náměstí 11
🌐 ulabuti.com · ⓀⓀ
El restaurante "Donde los cisnes"
sirve *lager* Zubr y algunos platos
sustanciosos, como *schnitzel* y *goulash*.
Hay sitio para sentarse en el patio.

9. Host Restaurant

📍 B2 🏠 Loretánská 15 🌐 restaurant
host.cz · ⓀⓀⓀ
Estiloso comedor con amplias vistas
de la colina Petřín y de Malá Strana.

10. Lví dvůr

📍 B1 🏠 U Prašného mostu 6
🌐 restaurant-lvidvur.cz · ⓀⓀ
Su terraza ofrece unas vistas
magníficas de la catedral de San Vito
(p. 26). Cerveza premium Lobkowicz
junto con una deliciosa cocina checa.

En el sentido de las agujas del reloj, desde arriba **Vista de Praga desde la escalinata bajo el castillo; visitantes en la vieja escalinata; estatua de Karel Hašler,** *El cantor,* **obra de Stanislav Hanzík**

JOSEFOV Y EL NORTE DE STARÉ MĚSTO

Se desconoce la fecha exacta de la llegada de la comunidad judía a Praga, pero fuentes históricas sitúan en el siglo XIII la destrucción de un asentamiento hebreo en la orilla izquierda del Moldava. Durante los siguientes 500 años, la población judía se vio obligada a vivir en un gueto, en lo que ahora es el barrio Josefov. Este espacio era tan restringido que tuvieron que enterrar a sus muertos unos encima de otros en el antiguo cementerio judío. Cuando el emperador José II puso fin a tales limitaciones, el gueto pasó a convertirse en un distrito marginado ocupado por los más pobres de la ciudad. El barrio fue arrasado a finales del siglo XIX para dejar espacio a amplias avenidas como Pařížská. En la actualidad, la zona alberga el Museo Judío, que muestra la herencia judía de Praga.

Para alojamientos en la zona, ver p. 145

Lápidas del antiguo cementerio judío

1 Antiguo cementerio judío

🅿 K2 📍 Širohá ⏱ Abr-oct: 9.00-18.00 do-vi; nov-mar: 9.00-16.30 do-vi
🌐 jewishmuseum.cz 🔗

La imagen de cientos de tumbas, sus lápidas amontonadas unas sobre otras, provoca un sentimiento extremadamente conmovedor; se trata del testimonio del trato recibido por la comunidad judía, confinada en un gueto incluso después de su muerte. No se conoce el número exacto de tumbas; para apreciar cómo se apilan en el terreno del cementerio, conviene comparar la altura de las lápidas con el nivel de la calle en U Starého hřbitova.

2 Sinagoga Española

🅿 M2 📍 Vézeňshá 1
⏱ Abr-oct: 9.00-18.00 do-vi; nov-mar: 9.00-16.30 do-vi 🔗

El interior de estilo mudéjar, con sus elaborados arabescos y su decoración estucada, da nombre a esta sinagoga *(p. 51)*. Se erigió sobre el emplazamiento de la Vieja Escuela, que sirvió como primer lugar de culto para los judíos de Praga. František Škroup, compositor del himno nacional checo, fue el organista a mediados del siglo XIX. Alberga exposiciones sobre la historia judía con platería de la sinagoga.

Fachada arabesca de la sinagoga Española

Exposición de la sinagoga Klausen

3 Sinagoga Klausen

K2 U Starého hřbitova 1
Abr-oct: 9.00-18.00 do-vi; nov-mar: 9.00-16.30 do-vi

Contiguo al antiguo cementerio judío, este edificio barroco se construyó en 1694 sobre el antiguo emplazamiento de una escuela y una sala de oraciones *(klausen)*, donde el rabino Loew enseñaba la cábala. Hoy expone grabados y manuscritos.

4 Sinagoga Maisel

L3 Maiselova 10
Abr-oct: 9.00-18.00 do-vi; nov-mar: 9.00-16.30 do-vi

Rodolfo II autorizó a Mordecai Maisel la construcción de su sinagoga privada a fines del siglo XVI, como agradecimiento a la ayuda financiera prestada por el alcalde judío en la guerra contra los turcos. Se quemó en 1689, pero más tarde se reconstruyó en estilo neogótico como museo judío *(p. 36)*. El interior custodia una espléndida colección de piezas de plata con motivos judíos, así como candelabros y cerámica. El III Reich planeó construir aquí un museo en Praga dedicado al pueblo judío como "raza extinguida".

EL RABINO JUDAH LOEW BEN BEZALEL

Uno de los residentes más famosos de Praga, el rabino Loew ben Bezalel (c. 1520-1609), se asocia a numerosas leyendas, aunque también fue un innovador pedagogo y uno de los más relevantes eruditos de su tiempo. El más conocido de los mitos relacionados con Loew es el Golem *(p. 60)*, autómata de arcilla creado por el rabino para defender el gueto.

5 Sala de Ceremonias

K2 U Starého hřbitova 3a
Abr-oct: 9.00-18.00 do-vi; nov-mar: 9.00-16.30 do-vi

Construida a principios de la década de 1900 en estilo neorrománico, la sala de Ceremonias era sede de la Sociedad Funeraria de Praga. Las magníficas piezas en exposición detallan los complejos rituales judíos con los que se prepara a los difuntos.

6 Sinagoga Pinkas

K3 Široká 3 Abr-oct: 9.00-18.00 do-vi; nov-mar: 9.00-16.30 do-vi

Tras la Segunda Guerra Mundial, este edificio gótico del siglo XV, con algunos elementos del Renacimiento temprano, pasó a ser un monumento a las 80.000 víctimas checas y moravas del Holocausto; están escritos el nombre y las fechas de todos los judíos que murieron en el campo de Terezín u otros de Europa del Este. Igualmente emotiva es la exposición de escritos y dibujos realizados por los niños (de los cuales había más de 10.000 menores de 15 años) prisioneros en Terezín *(p. 39)*.

7 Sinagoga Staronová

K2 Červená Abr-oct: 9.00-18.00 do-vi; nov-mar: 9.00-17.00 do-vi synagogue.cz

Enfrente del cementerio, cruzando la calle, está una de las sinagogas más antiguas de las conservadas en Europa. Ha sido testigo de una turbulenta historia; ha presenciado pogromos e

incendios, y también ha servido de refugio a la perseguida comunidad judía. Es conocida como sinagoga Vieja-Nueva, pues originalmente tal vez se llamó sinagoga Nueva hasta que se construyó otra en la vecindad, que más tarde fue destruida.

8 Ayuntamiento judío

🚩 L3 🏛 Maiselova 18 🕐 Al público

Las manecillas del reloj rococó del ayuntamiento, o *Židovská radnice*, giran en sentido contrario, ya que las letras hebreas de la esfera se leen de derecha a izquierda. El edificio es uno de los regalos que Mordecai Maisel brindó a su comunidad a fines del siglo XVI, aunque en 1763 se renovó en estilo barroco.

9 Sinagoga Alta

🚩 L2 🏛 Červená 4 🕐 Al público

Construida, al igual que el ayuntamiento, con fondos de Mordecai Maisel, la sinagoga Alta se edificó en estilo renacentista. Posteriores reconstrucciones alteraron la fachada, pero el interior conserva las bóvedas estucadas primitivas. También alberga impresionantes pergaminos y mantos de la Torá.

10 Convento de Santa Inés de Bohemia

Este convento gótico del siglo XIII *(p. 40)* alberga retablos y pinturas espectaculares; también destacan los claustros del siglo XIII y las capillas. Las obras exhibidas forman parte de la colección de la Galería, e incluyen algunas de las mejores piezas del arte checo medieval.

UN DÍA EN EL BARRIO JUDÍO

Mañana

Un lugar adecuado para comenzar y para apreciar lo nutrida que era la comunidad judía checa es la **sinagoga Pinkas,** en cuyo interior las víctimas del Holocausto se identifican por su nombre y su localidad. Después puedes dar un paseo por el **antiguo cementerio judío** *(p. 113)*, donde un guía señala las lápidas más significativas. También vale la pena visitar la **sinagoga Klausen,** barroca, que ilustra las festividades hebreas.

A un paso se encuentra la **sinagoga Staronová,** que contiene tesoros tales como la silla del rabino Loew. Al salir, fíjate en el **ayuntamiento judío.** Dentro del centro de información del Barrio Judío se encuentra el **Café Golem** *(p. 117)*, una buena parada para tomar un almuerzo ligero.

Tarde

Tras la comida, merece la pena entrar en algunas de las tiendas de anticuario de camino a la **sinagoga Maisel,** que acoge una exposición sobre el asentamiento judío en Moravia y Bohemia; la muestra continúa en la **sinagoga Española,** a cinco minutos hacia el este bajando por Široká.

La **Pastelería Praha** *(p. 116)*, a la vuelta de la esquina, es un local ideal para retomar las fuerzas antes de terminar el recorrido en el **convento de Santa Inés de Bohemia** *(p. 40)*, a pocos minutos y con muchas piezas de arte medieval checo.

Por último, disfruta de una cena en el **5th District Restaurant and Café by King Solomon** *(p. 117)* y un concierto de música sacra en la sinagoga Española.

Tiendas

1. Tienda de la sinagoga Española
🔘 M2 📍 Vězeňská 1

En la tienda de la sinagoga Española se pueden encontrar delicados punteros de la Torá, manos de la *kabala*, menorás de *Hannuka* (candelabros de nueve brazos) y libros.

2. Kosta Boda
🔘 L3 📍 Maiselova 12

El pequeño puesto de Josefov del famoso fabricante de vidrio lleva produciendo impresionantes obras de arte en vidrio y vajillas desde mediados del siglo XVIII.

3. Hodinářství (relojes antiguos)
🔘 L3 📍 Maiselova 16

Para encontrar esta pequeña relojería, hay que ir a la esquina de Maiselova y Široká y el sonido del reloj de cuco hace de guía

4. Granát Turnov
🔘 N2 📍 Dlouhá 28

Especializado en el granate de Bohemia, Granát Turnov forma parte de las grandes joyerías de Praga. Los amantes de las joyas encontrarán una amplia variedad de broches y gargantillas.

5. Gucci
🔘 L3 📍 Pařížská 9

Por qué no darse un lujoso capricho con esta marca de fama mundial. Situada en la arbolada calle Pařížská, esta tienda es una de las muchas *boutiques* de diseño frecuentadas por turistas y residentes.

6. Drahonovsky
🔘 M2 📍 Dlouhá 19

En este pequeño taller de orfebrería se pueden encontrar joyas de oro y plata, muchas de las cuales están decoradas con el famoso granate de Bohemia.

Surtido de productos horneados de la Pastelería Praha

7. Pastelería Praha
🔘 M2 📍 Kozí 1

Se pueden comprar *brownies*, *rugelach* (cuernecitos con forma de media luna) y otros apetitosos dulces, o almorzar un sándwich vegetal con huevo y café. Hay ensaladas y quiches para llevar.

8. Antik Ambra
🔘 L3 📍 Kaprova 12

Esta tienda para coleccionistas está especializada en joyas y en objetos decorativos tales como relojes y monedas. Si no se encuentra lo que se busca, el personal le orientará en la dirección adecuada.

9. Anticuario Cinolter
🔘 L3 📍 Maiselova 9

La exposición y venta de esta pequeña galería de arte local es ideal para los aficionados al arte. Los óleos y los bocetos originales captan el agridulce espíritu del Josefov.

10. Anticuario Alma
🔘 K3 📍 Valentinshá 7

En este bazar se vende de todo: alfombras persas, joyas, porcelana de Meissen, cristalería o casas de muñecas con todos los detalles. Es uno de los mayores anticuarios de Praga.

Cafés y dónde comer

1. Krčma
📍L3 🏠Kostečná 4 📞725 157262 · Ⓚ Ⓚ
Taberna de temática medieval al lado de la elegante Pařížská. Comida a precios razonables, cerveza de barril y mucho ambiente con poca luz.

2. Naše maso
📍N2 🏠Dlouhá 39 · Ⓚ Ⓚ
El entorno informal de una carnicería lo hace más adecuado para un bocado rápido. Carne de ternera y cerdo autóctona de calidad.

3. Field
📍M1 🏠U Milosrdných 12
🌐fieldrestaurant.cz · Ⓚ Ⓚ Ⓚ
Un restaurante con estilo con un ambiente íntimo y un interesante mural proyectado desde el techo. Platos innovadores y cocina moderna.

4. La Degustation Bohême Bourgeoise
📍N2 🏠Haštalská 18
🌐ladegustation.cz · Ⓚ Ⓚ Ⓚ
Un restaurante con una estrella Michelin que ofrece menús degustación de cocina checa tradicional.

5. La Bodeguita del Medio
📍K3 🏠Kaprova 5
🌐labodeguita.com · Ⓚ Ⓚ
Restaurante cubano con parrillada de pescados y carnes al estilo criollo. Popular entre la gente de negocios. Gran ambiente y personal atento.

5th District Restaurant and Café by King Solomon

6. Pivnice u Pivrnce
📍L3 🏠Maiselova 3 🌐upivrnce.cz · Ⓚ Ⓚ
Un *pub* con paredes decoradas por el caricaturista checo Peter Urban. Especialidades checas o solo una cerveza.

7. La Finestra in Cucina
📍K4 🏠Platněřská 13 🌐lafinestra. lacollezione.cz · Ⓚ Ⓚ Ⓚ
Platos italianos cocinados a la perfección y fantástico vino, además de buen servicio y bonita decoración.

8. Les Moules
📍L2 🏠Pařížská 19
🌐lesmoules.cz · Ⓚ Ⓚ
Este restaurante belga ofrece ostras y mejillones.

9. Café Golem
📍L3 🏠Maiselova 15 📞603 962963 · Ⓚ
Es una elegante cafetería que sirve buen café, *bagels*, sopas y pasteles.

10. 5th District Restaurant and Café by King Solomon
📍L3 🏠Široká 8 📍vi
🌐patactvrt.cz · Ⓚ Ⓚ Ⓚ
El mejor restaurante kosher de Praga cuenta con instalaciones separadas para cocinar carne y lácteos.

NOVÉ MĚSTO

Fundada en 1348, Nové Město (Ciudad Nueva) cuenta con
una dilatada historia. Carlos IV elaboró un diseño urbano que
impuso avenidas rectas en los asentamientos surgidos tras
las antiguas murallas, y añadió un cuarto distrito al conjunto
formado por Staré Město, Malá Strana y Hradčany. A diferencia
de Staré Město, Nové Město presenta un meticuloso trazado de
calles y mercados. El mercado de caballos pasó a ser la plaza de
Wenceslao en el siglo XIX; el mercado de ganado, del siglo XIV,
era una de las mayores plazas de Europa y se convirtió en
Karlovo Náměstí, adoptando el nombre del monarca.

- ❶ Imprescindible
  p. 119
- ① Dónde comer
  p. 125
- ① Cafés y *pubs*
  p. 124
- ① Galerías y museos
  p. 122
- ① Vida nocturna
  p. 123

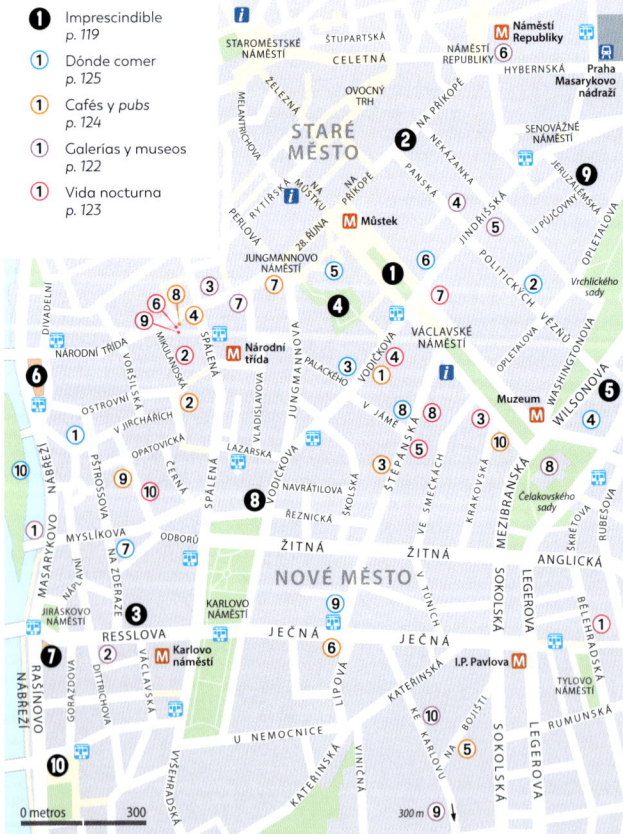

Para alojamientos en la zona, ver p. 146

Plaza de Wenceslao, centro de la vida comercial de Praga

1 Plaza de Wenceslao
En contraste con la medieval plaza de la Ciudad Vieja *(p. 28)*, la animada plaza de Wenceslao *(p. 42)* ilustra la historia del siglo XX en Praga. Con sus hermosas fachadas *art nouveau,* la plaza ha sido testigo de numerosas manifestaciones, protestas políticas y celebraciones acontecidas durante los últimos 100 años.

2 Na Příkopě
🅘 N5

Antiguo foso que protegía el flanco este de la ciudad, Na Příkopě es hoy el bulevar de la moda en Praga; cuenta con grandes tiendas de reconocidas marcas internacionales. La zona peatonal y las terrazas de los cafés están atestadas de compradores que se desplazan entre el centro comercial Myslbek y el Slovanský dům, con sus 10 salas de cine. El apasionado husita Jan Želivský predicaba en el lugar que ahora ocupa otro centro comercial, el palacio Černá Růže.

3 Catedral de San Cirilo y San Metodio
🅘 E5 🅐 Resslova 9 🅒 9.00-17.00 ma-do

Esta iglesia barroca con una fachada con columnas y una pequeña torre central se construyó en la década de 1730. En la de 1930, le fue entregada a la Iglesia ortodoxa checa y se consagró a los santos Cirilo y Metodio, "apóstoles de los eslavos" del siglo IX. En 1942 se padeció aquí el Terror de Heydrich *(p. 51)*. Un pequeño museo refiere estos hechos. En la cripta está el Monumento Nacional a los Héroes del Terror de Heydrich: en su recuerdo hay colocada una placa de bronce.

4 Jardín franciscano
🅘 N6

Los franciscanos se trasladaron en 1604 y ocuparon el antiguo monasterio carmelita. Los parques de la iglesia de Nuestra Señora de las Nieves, destrozados tras las guerras husitas, fueron hermosamente restaurados por los monjes. La zona permaneció cerrada al público hasta 1950, cuando el régimen comunista decidió que merecía la pena visitarla. Estos jardines, tras la caída del comunismo, siguen siendo frecuentados por los praguenses *(p. 43)*.

Monumento del Terror de Heydrich, catedral de San Cirilo y San Metodio

5 Ópera del Estado

G4 **Wilsonova 4**
narodni-divadlo.cz

El Nuevo Teatro de la Ciudad, el primero que se construyó aquí, fue demolido en 1885 para dejar espacio para el nuevo edificio. Un friso neoclásico decora el frontón que hay sobre la galería con columnas de la fachada. El interior está estucado y se han conservado las pinturas originales en el auditorio y el telón.

6 Teatro Nacional

E4 **Národní třída 2**
narodni-divadlo.cz

Patriotas checos financiaron la construcción del teatro en dos ocasiones, en 1868 y, de nuevo, en 1883, cuando un incendio destruyó el edificio. Los impresionantes frescos alegóricos y el famoso telón del teatro son obra de Vojtěch Hynais. Entre las producciones musicales destacan *Libuše*, de Smetana, que debutó en este escenario, y *El diablo y Catalina*, de Dvořák. La Nueva Escena, en el edificio adyacente, presenta espectáculos multimedia *(p. 72)*.

7 Casa Danzante

E6 **Jiráshovo náměstí 6**
galerietancicidum.cz

Construido entre 1992 y 1996, este edificio de Vlado Milunic y Frank Gehry es conocido como casa Danzante o Ginger y Fred por sus torres icónicas que se asemejan a dos bailarines. Gran parte del edificio es propiedad del ex jugador de fútbol Vladimír Šmicer. Las vistas del castillo y del río se consideran las mejores de la ciudad.

8 Ayuntamiento de la Ciudad Nueva

F5 **Karlovo náměstí 1** **Torre: 10.00–18.00 ma–do** nrpraha.cz

En 1419 las masas anticlericales lideradas por Jan Želivský arrojaron al alcalde católico y a sus consejeros desde una ventana del ayuntamiento de la Ciudad Nueva; fue la primera defenestración de Praga *(p. 25)*. La torre gótica del edificio se añadió más tarde; la galería panorámica de la torre está abierta al público. Los sábados se congregan multitudes

MŮSTEK

Esta zona del final de la plaza de Wenceslao recibe su nombre del pequeño puente que cruzaba aquí el foso en tiempos medievales. Bajo la superficie, en lo alto de las escaleras mecánicas que descienden al andén de los trenes, se pueden ver las ruinas del viaducto, descubiertas por los trabajadores de las obras del metro.

Casa Danzante, conocida como Ginger y Fred

para felicitar a las parejas recién casadas en la sala Gótica.

9 Sinagoga de Jerusalén

G3 Jeruzalémská 7 9.00-18.00 do-vi synagogue.cz/en/jerusalem-synagogue

Construida entre 1896 y 1906, es la sinagoga más joven de Praga. El arquitecto Wilhelm Stiassny mezcló los estilos neomorisco y *art nouveau*, con un efecto sorprendente. Dos torres flanquean el arco de herradura de la fachada. El interior está decorado con colores vivos y grandes candelabros, que cuelgan sobre los 850 asientos.

10 Palackého náměstí

E6

Esta plaza ribereña lleva el nombre del historiador decimonónico František Palacký, cuya labor fue esencial para el nacionalismo checo. El monumento que Stanislav Sucharda se erigió ocupa el extremo norte de la plaza, mientras que las torres modernas del monasterio de Emaús se elevan desde el flanco este (p. 61). También se conoce como monasterio Eslavo.

Monumento a František Palacký en Palackého náměstí

UN DÍA EN NOVÉ MĚSTO

Mañana

Dirígete a la **plaza de Wenceslao** (p. 42) para empezar el día. Empieza por el **Museo Nacional** (p. 122). Vale la pena visitar el principal museo de historia natural del país, aunque solo sea para ver la escalera de mármol, el Panteón y las vistas de la ciudad desde la cúpula. Acércate a la **estatua de San Wenceslao** y el monumento a las víctimas del Gobierno comunista. Puedes hacer unas compras en la plaza, camino de Můstek, hacia el noroeste, para visitar más tarde el **Museo del Comunismo** (p. 122), o disfrutar de un paseo por el **jardín franciscano** (p. 119). Después, puedes dar un paseo de 10 minutos hacia el río, pasando por Národní třída, para más tarde comer en **Café Louvre** (p. 124).

Tarde

Un escueto paseo hasta el río y hacia el norte, por la orilla, lleva hasta el **Teatro Nacional**, donde se ve su magnífica fachada. Después, acompaña al Moldava hacia el sur. Los aficionados al arte moderno deben detenerse en la **Galerie Mánes** (p. 122). Más al sur, descansa en Jiráskovo náměstí para admirar la emblemática y postmoderna **casa Danzante**. Luego gira a la izquierda y sube por Resslova hasta la **catedral de San Cirilo y San Metodio** (p. 119).

Al atardecer, se recomienda ver alguna obra en el Teatro Nacional. **U Fleků** (p. 124) es el lugar idóneo para cenar. La noche puede continuar con un baile en **Radost FX** (p. 123), o bien en **Rocky O'Reilly's** (p. 123), por su acogedor ambiente y la música en directo.

Galerías y museos

1. Galerie Mánes
📍 E5 🏠 Masarykovo nábřeží 250
🕐 Los horarios varían, consultar la
página web 🌐 ncvu.eu 🔗

Esta galería de arte contemporáneo
ocupa el extremo este de la isla Žofín;
acoge obras de artistas checos y
extranjeros.

2. Galerie Via Art
📍 E6 🏠 Resslova 6 🕐 13.00–17.00 lu–vi
🌐 galerieviaart.com

Inaugurada en 1991, es una de las
primeras galerías privadas de Praga.
Expone pinturas contemporáneas
checas, esculturas y arte de técnica
mixta. También organiza exposiciones
e intercambios de artistas
internacionales.

3. Museo Lego
📍 L6 🏠 Národní 31 🕐 10.00–20.00
diario 🌐 muzeumlega.cz

Este Museo Lego es uno de los más
grandes del mundo. Puede que sea
esencialmente una tienda de regalos
con un museo adjunto, pero las
impresionantes esculturas de Lego y
los modelos interactivos mantendrán
entretenidos a los niños.

4. Museo Mucha
📍 P5 🏠 Panshá 7 🕐 10.00–18.00
diario 🌐 mucha.cz 🔗

El artista *art nouveau* Alfons Mucha
(1860-1939) es una figura célebre en el
país. El museo custodia sus diarios,
bocetos y pinturas, tanto privados
como comerciales.

5. Museo de los Sentidos
📍 P5 🏠 Jindřišská 20 🕐 10.00–22.00
diario 🌐 muzeumsmyslu.cz

Se trata de un museo interactivo.
Cuenta con más de 50 muestras,
divertidas y amenas, que producen
ilusiones ópticas increíbles.

6. Museo del Comunismo
📍 P3 🏠 V Celnici 4 🕐 9.00–20.00
diario 🌐 muzeumhomunismu.cz 🔗

La muestra refleja la Checoslovaquia
comunista. Está lleno de recuerdos.

7. Galería Václav Špála
📍 L6 🏠 Národní 30 🕐 11.00–19.00
diario 🌐 galerievaclavaspaly.cz

Esta galería expone obras
contemporáneas, sobre todo de
artistas locales. Su objetivo es hacer
que el arte sea más accesible al público.

8. Museo Nacional
La colección está dedicada principal-
mente a la arqueología, mineralogía,
antropología, numismática e historia
natural *(p. 44)*.

9. Museo de la Policía
📍 G7 🏠 Ke Karlovu 1 🕐 10.00–17.00
ma–do 🌐 muzeumpolicie.cz 🔗

Fascinantes piezas, como una escena
del crimen interactiva, documentan la
historia de la policía en Praga.

10. Museo Dvořák
📍 G6 🏠 Ke Karlovu 20 🕐 10.00–17.00
ma–do 🌐 nm.cz 🔗

Este palacio barroco alberga el piano y
la viola de Antonin Dvořák *(p. 57)*;
también se exponen otros recuerdos.

**Vidrieras,
Museo Mucha**

Sala del popular bar de cócteles Zone

Vida nocturna

1. Radost FX
📍 G6 🏠 Bělehradská 120 🌐 radostfx.cz
Jóvenes noctámbulos abarrotan la discoteca y el salón. La música ecléctica se combina con imaginativos espectáculos de luces, proyecciones de vídeo, bailarines y los mejores DJ locales e internacionales.

2. Balbi Bar
📍 E4 🏠 Mihulandská 6 🌐 balbibar.com
Unos cócteles excelentes, un personal muy amable y un ambiente acogedor hacen de este bar de moda el lugar perfecto para pasar una noche.

3. Nebe Cocktail & Music Bar
📍 G4 🏠 Václavské náměstí 56
Más de 100 deliciosos cócteles para elegir. Para relajarse tomando una copa bajo los techos abovedados, o bailar toda la noche con una mezcla de éxito del pop y rhythm & blues, además de música de las décadas de 1980 y 1990.

4. Lucerna Music Bar
📍 N6 🏠 Vodičkova 36 🌐 musicbar.cz
Este antiguo local de Praga ofrece conciertos en directo y organiza divertidas fiestas de música rock y dance.

5. Rocky O'Reilly's
📍 F5 🏠 Štěpánská 32
🌐 rochyoreillys.cz
Este pub ofrece todo lo que los amantes de la tradición celta puedan desear: música en directo, fútbol por televisión, fuego de leña y mucha cerveza amarga. La comida también es bastante buena.

6. Reduta Jazz Club
📍 L6 🏠 Národní 20 🌐 redutajazzclub.cz
Célebres músicos de jazz han tocado en este local, incluido el expresidente de Estados Unidos Bill Clinton. Se puede disfrutar de todo tipo de jazz, desde las bandas de swing hasta los estilos modernos.

7. Duplex Club
📍 N6 🏠 Václavské náměstí 21
Durante el día, Duplex es un lugar ideal para comer o cenar con vistas a la ciudad. Por la noche se convierte en uno de los locales más exclusivos de Praga.

8. Alcron Bar
📍 G4 🏠 Štěpánská 40
Situado en el lujoso hotel Almanac X Alcron, este elegante bar de estilo *art déco* ofrece una amplia carta de cócteles de autor únicos, bebidas y deliciosos aperitivos.

9. Rock Café
📍 L6 🏠 Národní 20 🌐 rochcafe.cz
Situado en el corazón de la ciudad, el Rock Café acoge conciertos en directo y tiene un espacio multimedia con teatro y galería.

10. Zone
📍 E5 🏠 Křemencova 10 🌐 zonebar.cz
Este local en un sótano cuenta con una elegante iluminación y barra con forma curvilínea. Hay una sala aparte para eventos privados.

Cafés y *pubs*

Interior *art nouveau*
de Kavárna Lucerna

El buen soldado Švejk. El autor, Jaroslav Hašek *(p. 56)* creó algunas de las escenas claves aquí.

6. Pivovarský dům
📍 F6 🏠 Ječná 16 🌐 pivo-dum.cz
Un encantador restaurante y cervecería con interior checo tradicional que ofrece un sin igual abanico de cervezas.

7. Kavárna Adria
📍 M6 🏠 Národní 36
Este café sirve excelente café y pasteles caseros.

8. Café Louvre
📍 L6 🏠 Národní 22 🌐 cafelouvre.cz
Franz Kafka, Max Brod y otros escritores solían reunirse aquí. Es un lugar luminoso, alegre, ideal para conversar y comer algo.

9. U Fleků
📍 E5 🏠 Křemencova 11 🌐 en.ufleku.cz
U Fleků es posiblemente la taberna de cerveza más popular y más antigua (data de 1499), y los precios son muy asequibles. Es famosa por su *lager* oscura.

10. Oliver's Coffee Cup
📍 G4 🏠 Václavské náměstí 58
🌐 oliverscoffeecup.cz
Recibe el nombre de los hijos del fundador, que se llamaban Oliver. Un café acogedor con diversas bebidas cafeinadas servidas por un personal atento.

1. Kavárna Lucerna
📍 N6 🏠 Vodičkova 36 🌐 kavarna.lucerna.cz
Este elegante café "Linterna" es ideal para disfrutar de un café antes de ver una película o bailar en la cercana discoteca.

2. La Casa de la Havana vieja
📍 E4 🏠 Opatovická 28
🌐 casahavana.cz
Una coctelería cubana clásica con el ambiente de la Cuba de la década de 1930 que ofrece un ambiente familiar.

3. Café 35mm
📍 F5 🏠 Štěpánská 35
Los alumnos del Institut Français y otros francófonos se reúnen aquí a tomar quiche, café o un cruasán.

4. Pilsnerka Národní
📍 E4 🏠 Národní 22 🌐 pilsnerka narodni.cz
Uno de los mejores lugares para disfrutar de la Pilsner Urquell. Hay tres tipos de grifos: leche, *šnyt* (corte) y *hladinka* (nivel).

5. Hospoda U Kalicha
📍 G6 🏠 Na bojišti 12-14 🌐 ukalicha.cz
Este *pub* con paredes decoradas con dibujos se basa en la novela checa

U Fleků, popular
cervecería de Praga

Dónde comer

PRECIOS

Una comida de tres platos con media
botella de vino (o equivalente), servicio
e impuestos incluidos.

....

Ⓚ menos de 500 Kč ⒦Ⓚ 500-1.000 Kč
Ⓚ ⒦ Ⓚ más de 1.000 Kč

**U Šumavy, *pub* restaurante
tradicional checo**

1. U Zpěváčků

📍 E5 🏠 Na Struze 7
🌐 uzpevachu.com · ⒦ Ⓚ

Fundado en 1865, es célebre por su
cerveza y su cocina casera.

2. Restaurace Bredovský dvůr

📍 P6 🏠 Politických vězňů 13
🌐 restauracebredovshydvur.cz · ⒦ Ⓚ

Platos tradicionales checos como *gulás*
con *karlovarský knedlík*. En verano se
puede comer al aire libre.

3. Namaste India Palackého

📍 F4 🏠 Palackého 15 🌐 namaste
india.cz · ⒦ Ⓚ

Aquí encontrará la tradicional y sabrosa
cocina india. El restaurante tiene un
bufé libre.

4. Čestr

📍 G4 🏠 Legerova 75 🌐 cestr.
ambi.cz · ⒦ Ⓚ

Los amantes de la carne disfrutarán de
lo lindo en este restaurante ahumadero
de primera categoría, donde los cortes
de ternera y cerdo se cocinan a la
perfección.

5. U Pinkasů

📍 M6 🏠 Jungmannovo náměstí 16
📞 221 111 152 · ⒦ Ⓚ

En este salón checo se sirve cerveza
desde 1843 y sigue siendo muy popular
para comer. La comida es copiosa.

6. Modrý Zub

📍 N6 🏠 Jindřišshá 5
🌐 modryzub.com · ⒦ Ⓚ

Comida rápida tailandesa, para tomar
un aperitivo o una comida ligera. Los

enormes ventanales permiten
observar a la gente.

7. Lemon Leaf

📍 E5 🏠 Myslíhova 14 🌐 lemon.cz · ⒦ Ⓚ

Ofrece una amplia variedad de platos
tailandeses y continentales elaborados
con productos frescos y presentados
con colorido. El servicio es rápido y
amable.

8. Jáma³ Garden Pub

📍 F4 🏠 V jámě 7 🌐 jamagarden
pub.cz · ⒦ Ⓚ

Deliciosas especialidades tex-mex y
americanas en un ambiente divertido.
Jáma organiza fiestas y eventos
deportivos con regularidad.

9. U Šumavy

📍 E5 🏠 Štěpánská 3
🌐 usumavy.cz · ⒦ Ⓚ

Este *pub* restaurante a la antigua
usanza es un pedacito de la campiña
checa en el centro de Praga. La comida
es tradicional: la mayoría de los platos
se sirven con buñuelos.

10. Jardín de Žofín

📍 E5 🏠 Slovanský ostrov 8
🌐 zofinrestaurant.cz · ⒦ Ⓚ Ⓚ

Cerca del Teatro Nacional, en la isla
Slav, este restaurante sirve platos
tradicionales checos de caza a precios
razonables.

LAS AFUERAS

El casco urbano de Praga mantiene a los visitantes ocupados durante días, pero quienes se alojen fuera del centro, o dispongan de tiempo para aventurarse más allá de las murallas de la capital, disfrutarán de amplias zonas repletas de sorpresas. Con el paso de los siglos, los dirigentes de Praga utilizaron el espacio circundante como lugar de esparcimiento personal, construyendo castillos, palacios y jardines en los que se guarecían del bullicio de las sinuosas y abarrotadas calles de la ciudad. Incluso el régimen comunista dejó su huella en la zona, con edificios, torres funcionales y espacios para exposiciones. Desde los apacibles parques de Vyšehrad o el aire popular de Letná, al bullicioso ambiente nocturno de Žižkov o los jardines de Holešovice y Troja, la diversidad de las afueras atrae incluso a los más exigentes.

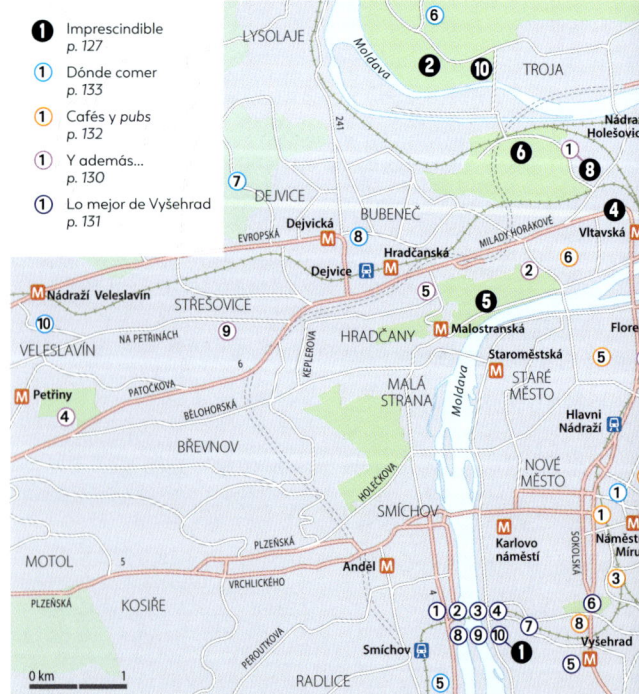

- ❶ Imprescindible
  p. 127
- ① Dónde comer
  p. 133
- ① Cafés y *pubs*
  p. 132
- ① Y además...
  p. 130
- ① Lo mejor de Vyšehrad
  p. 131

Para alojamientos en la zona, ver p. 147

**Conjunto histórico de Vyšehrad
sobre el río Moldava**

1 Vyšehrad
🅥 R3

La antigua fortaleza de Vyšehrad
hunde sus raíces en la leyenda. En la
ópera *Libuše* y en la apasionada obra
patriótica *Má vlast (p. 57)*, Bedřich
Smetana rindió tributo al segundo
asentamiento de la dinastía de los
přemyslitas, que residieron aquí
en el siglo X. El compositor está
enterrado en el Cementerio Nacional
que también alberga el monumento
Slavín *(p. 131)*.

2 Zoo de Praga
🅥 R1 🏠 U Trojského zámku 3,
Troja ⏰ Los horarios varían,
consultar la página web
🅦 zoopraha.cz

Este zoo es la segunda atracción más
popular del país después del castillo de
Praga. En una gran extensión acoge
muchas especies de aves y otros
animales, como elefantes, gorilas y
salamandras gigantes.

3 Vinohrady
🅥 S2

En su origen terreno de los viñedos
reales, hoy Vinohrady es un amplio y
elegante barrio residencial. La plaza
principal, Náměstí Míru, acoge la
iglesia neogótica de Santa Ludmila
y el Teatro Vinohrady, de estilo *art
nouveau*. Conviene tomarse un respiro
del ajetreo de la ciudad y visitar
Havlíčkovy sady.

4 Holešovice
🅥 R1

Aquí se sitúan el Palacio Ferial *(p. 54)*,
que alberga la colección de arte
moderno y contemporáneo del museo;
los entusiastas del motor adorarán el
Museo Tecnológico Nacional *(p. 55)*, con
sus vehículos de entreguerras, como
los Skoda, y otras piezas de época.

5 Parque Letná
📍 E1

Una gran escalinata conduce desde el Moldava, en la orilla opuesta al barrio Josefov *(p. 112)*, a un metrónomo. Antes de este enorme cronómetro había una estatua gigantesca de Joseph Stalin, que fue volada en 1962. El parque circundante resuena con los ecos de monopatines y ladridos de perros. A veces actúan compañías de circo itinerantes, aunque el mayor reclamo de Letná es probablemente su popular jardín de la cerveza, que se encuentra en el extremo oriental del parque.

6 Stromovka
📍 R1

El rey Otakar instaló aquí un coto de caza en el siglo XIII y desde 1804 ha sido un jardín público (*stromovka* significa 'sitio arbolado'). Se puede pasear o patinar por este parque centenario *(p. 67)* de día y, por la noche, visitar el planetario. Los estanques para peces fueron obra de Rodolfo II: el emperador ordenó perforar un túnel bajo Letná para traer el agua.

7 Torre de televisión de Žižkov
📍 S2 🏠 Mahlerovy sady 1
🕐 9.00-24.00 🌐 towerpark.cz 📍

El repetidor de televisión de Praga es el edificio más alto de la ciudad con sus 216 m. No obstante, no empezó a funcionar hasta la Revolución de Terciopelo *(p. 11)*. Tres cápsulas temáticas distintas de la torre ofrecen vistas inolvidables de la ciudad, sobre todo al atardecer. Delante de la torre hay diez esculturas gigantes de bebés, obra del artista checo David Černý.

8 Výstaviště
📍 R1

Construido originalmente a finales del siglo XIX para albergar ferias comerciales, este recinto ferial no se parece a ningún otro en Praga. Aunque actualmente se están renovando grandes partes del complejo, como la fuente Křižík y el Lapidárium *(p. 130)*, merece la pena visitar la zona en un día lluvioso por el mayor acuario del país, Mořský Svět. También hay una piscina cubierta y una pista de hockey sobre

ŽIŽKOV

Este barrio nació cuando los fundadores de la ciudad dividieron el distrito de Královské Vinohrady. En un desplante a los Habsburgo, los habitantes de la zona dieron a su nuevo barrio el nombre del guerrero husita. La naturaleza rebelde de los residentes tiene profundas raíces; existe incluso un movimiento independentista que promueve la República Independiente de Žižkov. Alrededor del club Akropolis y la asociación de artistas Divus florece una cultura alternativa. La creciente popularidad de los numerosos restaurantes internacionales están situando la zona en el mapa.

**Jardín de la cerveza
en Letná**

hielo. El exterior del Palacio Industrial, de estilo *art nouveau,* también es un espectáculo para la vista.

9 Monumento nacional en la colina Vítkov

📍 S2 🏠 Žižkov 🕐 10.00-18.00 mi-do 🌐 nm.cz ↗

El general Jan Žižka derrotó a los cruzados en 1420 en lo alto de la colina, donde hoy se yergue esta gigantesca escultura ecuestre frente a la tumba del Soldado Desconocido. Erigido en 1929, este monumento es símbolo de la lucha del pueblo checoslovaco por la independencia. Más tarde sirvió de mausoleo para el presidente comunista Klement Gottwald.

10 Palacio Troja

📍 R1 🏠 U Trojského zámku 1, Troja 🕐 Abr-oct: 10.00-18.00 ma-ju, sá y do; 13.00-18.00 vi 🌐 ghmp.cz ↗

El palacio Troja, uno de los palacios de verano más asombrosos de Praga, fue construido a finales del siglo XVII por Jean-Baptiste Mathey para el conde Sternberg. Está rodeado de dos hermosos jardines y dos invernaderos y guarda una buena colección de arte y escultura del siglo XIX .

**Bonitos jardines
del palacio Troja**

🕐

TRES TARDES DE PASEO

Tarde primera
Puedes visitar **Vyšehrad** (*p. 127*) a media tarde si hace buen tiempo. Tomando el metro hasta la estación de Vyšehrad, desde el **Centro de Congresos** (*p. 131*), se contempla una vista panorámica de la ciudad. Hacia el oeste por Na Buřance, se accede a las fortificaciones a través de la **puerta Tábor** (*p. 131*). Dentro hay numerosos edificios históricos como la encantadora **rotonda de San Martín**, románica (*p. 131*). Una vez en el parque, no te pierdas la puesta de sol desde una roca alta en el extremo occidental del complejo.

◇

Tarde segunda
También conviene visitar **Žižkov** y **Vinohrady** (*p. 127*) a media tarde. Desde la estación de metro de Florenc se sube al **Monumento nacional en la colina Vítkov** y se disfruta de las vistas; después, es posible compararlas con las que se obtienen desde la **torre de televisión de Žižkov.** Mientras queden fuerzas puedes pasear por Vinohrady, pero no conviene agotarse, ya que hay que reservarse para una noche de locales de música.

◇

Tarde tercera
Si eres un avezado caminante, puedes recorrer **Stromovka** y **Troja** en media jornada. Toma el tranvía a **Výstaviště,** antes de cruzar el Moldava, para llegar al **palacio Troja.** El *zoo de Praga* (*p. 127*) está a un paseo. El autobús 112 comunica con la estación de metro de Nádraží Holešovice.

Y además...

1. Lapidárium
📍 B5 🏠 Výstaviště 422, Holešovice
🕐 Por reformas 🌐 nm.cz ↗

Aquí se exhiben varias estatuas, entre ellas la columna mariana de la plaza de la Ciudad Vieja *(p. 28)* y esculturas del puente de Carlos IV *(p. 32)*.

2. Museo Nacional de Agricultura
📍 B5 🏠 Kostelní 44, Holešovice
🕐 9.00-17.00 ma-do 🌐 nzm.cz ↗

Visitar este museo es una excursión por la historia de la agricultura checa.

3. Museo de la Ciudad de Praga
📍 H2 🏠 Na Poříčí 52 🕐 9.00-18.00 ma-do 🌐 en.muzeumprahy.cz ↗

Un museo para explorar la historia de Praga.

4. Monasterio Břevnov
📍 Q2 🏠 Markétská 1, Břevnov 🕐 Los horarios varían, consultar la página web 🌐 brevnov.cz ↗

San Adalberto fundó este monasterio benedictino en el año 993. Hay restos de una iglesia del siglo XVIII.

Complejo monástico barroco de Břevnov

5. Villa Bílek
📍 D1 🏠 Michiewiczova 1, Hradčany
🕐 10.00-18.00 ma-do 🌐 ghmp.cz ↗

La exposición de arte de esta villa recoge la esencia y el estilo de la obra y las técnicas de František Bílek.

6. Cementerio de Olšany
📍 S2 🏠 Vinohradshá 153 🕐 Mar, abr, oct: 8.00-18.00 diario; may-sep: 8.00-19.00 diario; nov-feb: 8.00-17.00 diario

En este inmenso cementerio están enterradas muchas personalidades checas, como Jan Palach *(p. 43)*. En la entrada se puede conseguir un plano gratuito.

7. Tumba de Kafka
📍 C6 🏠 Izraelshá 1 🕐 9.00-17.00 do-ma, 9.00-14.00 vi

La sombría lápida de Kafka está cerca de la entrada, en la calle 21 del nuevo cementerio judío.

8. Iglesia del Santísimo Corazón de Nuestro Señor
📍 C6 🏠 Náměstí Jiřího z Poděbrad, Vinohrady

Diseñada por el célebre arquitecto esloveno Josip Plečnik, está inspirada en la arquitectura cristiana antigua. Su elemento más llamativo es el reloj de cristal en el muro de la torre.

9. Villa Müller
📍 Q2 🏠 Nad Hradním vodojemem 14 🌐 muzeumprahy.cz/en/visit-villa-muller ↗

Una obra maestra vanguardista, obra de Adolf Loos, es una fusión del funcionalismo y el viejo diseño inglés. Es necesario reservar.

10. Centro de Arte Contemporáneo DOX
📍 S1 🏠 Poupětova 1, Holešovice
🕐 12.00-18.00 mi-do 🌐 dox.cz ↗

Ubicado en una antigua fábrica, este espacio ofrece arte contemporáneo, arquitectura y diseño internacionales.

Lo mejor de Vyšehrad

La rotonda románica de San Martín

1. Catedral de San Pedro y San Pablo

⬚ Štulcova ⬚ Abr-oct: 10.00-18.00 diario (nov-mar: hasta 17.00) ⬚

La primera iglesia erigida en este lugar fue fundada por Vratislav II en el siglo XI; el edificio neogótico que hoy se contempla data de 1903.

2. Monumento Slavín

⬚ K Rotundě ⬚ Mar, abr, oct: 8.00-18.00 diario (may-sep: hasta 19.00; nov-feb: hasta 17.00)

En el cementerio de Vyšehrad, este monumento es el panteón de ilustres personalidades de la cultura checa. Los estudiantes hicieron aquí ofrendas florales en su recuerdo el 17 de noviembre de 1989, antes de marchar hacia la ciudad para dar comienzo a la Revolución de Terciopelo (p. 11).

3. Columna del Diablo

⬚ K Rotundě

Cuenta la leyenda que el diablo hizo una apuesta con un sacerdote afirmando que podría trasladar esta columna desde la iglesia de Santa María de Praga hasta Roma. Al perder el desafío, el diablo arrojó aquí el pilar.

4. Puerta Tábor (Špička)

⬚ V Pevnosti

Carlos IV restauró las fortificaciones de Vyšehrad en el siglo XIV. Los cruzados católicos atravesaron esta puerta en 1434, cuando se disponían a derrotar a los taboritas.

5. Centro de Congresos

En este palacio excomunista ahora se organizan numerosas conferencias internacionales, además de conciertos pop, gracias a su excelente acústica.

6. Puente Nusle

Este viaducto sencillo y funcional cruza el valle de Nusle y conecta Nové Město con el distrito financiero y comercial de Pankrác.

7. Casas cubistas

El arquitecto checo Josef Chochol (1880-1956) construyó varias obras maestras angulosas a principios del siglo XX. Colina abajo desde el cementerio de Vyšehrad se encuentran los impresionantes edificios de Rašínovo nábřeží 47, Libušina 49 y Neklanova 98.

8. Tumba de Smetana

Cada año, al inicio del Festival Internacional de Música Primavera de Praga (p. 84), los intérpretes asisten a una ceremonia celebrada junto a la tumba de Smetana.

9. Casemates

⬚ V Pevnosti 46 ☎ 241 410348 ⬚ 10.00-18.00 diario ⬚

En el siglo XVIII, las tropas francesas perforaron nichos en la roca de Vyšehrad para almacenar armas y munición. Hoy alberga seis estatuas originales del puente de Carlos IV (p. 32).

10. Rotonda de San Martín

⬚ K Rotundě

Esta capilla del siglo XI es la más antigua de Praga y, posiblemente, el primer lugar de culto cristiano del país. Se reconstruyó en 1878.

Cafés y *pubs*

Interior con paneles de madera
del *gastropub* **Pastička**

1. Kavárna Pražírna
📍 G6 🏠 Lublaňská 676/50, Vinohrady
🌐 kavarnaprazirna.cz

Local con el sabor y el aroma de cafés
árabes recién tostados.

2. U Vystřeleného Oka
📍 C6 🏠 U Božích bojovníků 3, Žižkov
📞 222 540465 🕐 do

Este establecimiento rinde tributo al
general husita tuerto Jan Žižka, de
quien Žižkov toma su nombre. El local
está situado a la sombra de su
gigantesca estatua (p. 129).

3. U Holanů
📍 H7 🏠 Londýnská 10, Vinohrady
🌐 uholanu.cz

Se pueden tomar salchichas o arenques
en esta modesta taberna, favorita entre
las de Vinohrady. Sencilla pero limpia,
cuenta con un servicio eficiente.

4. U Houdků
📍 C6 🏠 Bořivojova 110, Žižkov
🌐 uhoudku.com

Esta pequeña joya escondida en Žižkov
sirve platos checos a buen precio. En
verano se puede comer al aire libre.

5. Palác Akropolis
📍 C6 🏠 Kubelíkova 27, Žižkov
🌐 palacakropolis.com

Akropolis, uno de los centros culturales
independientes más activos de Praga,
acoge anualmente un millar de actos
culturales. Aquí actúan tanto artistas
locales como internacionales de
primera línea.

6. Café Letka
📍 B5 🏠 Letohradská 44, Bubeneč
🌐 cafeletka.cz

Con su estética de tendencia en las
redes sociales, este café es una parada
ideal a cualquier hora del día. Perfecto
para tomar el *brunch*, un café con
pastel por la tarde o una cerveza por la
noche elaborada por Matuška, un
cervecero de Broum.

7. Dva Kohouti
📍 B5 🏠 Sokolovská 55, Karlín
🌐 dvakohouti.cz

Con decenas de cervezas de barril, esta
cervecería con *pub* es un lugar muy
popular de Karlín. La pilsen casera es
excepcional.

8. Čep a pec
📍 G6 🏠 Svatoplukova 528, Nusle

Un negocio familiar y acogedor que se
enorgullece de su estilo auténtico e
innovador. Ofrece una amplia gama de
cervezas y productos recién horneados.
Los refrescos se elaboran con productos
suministrados por agricultores locales.

9. Můj šálek kávy
📍 B5 🏠 Křižíkova 105, Karlín
🌐 mujsalekkavy.cz

En el emblemático café del doble
tueste las especialidades son el café, las
galletas y los bizcochos caseros. La
curiosa decoración incluye paredes
desnudas, libros y obras de arte.

10. Pastička
📍 B6 🏠 Blanická 25, Vinohrady
🌐 restaurace-pasticha.cz

"La ratonera" es una perfecta
combinación de cervecería tradicional
y *gastropub* a la última moda. Aquí
sirven cerveza Bernard ligera y
semitostada y comida reconfortante.

Dónde comer

1. Aromi
📍 H5 🏠 Náměstí Míru 6, Praha 2
🌐 aromi.lacollezione.cz · Ⓚ Ⓚ Ⓚ
Este restaurante sirve tradicional comida italiana acompañada de una gran variedad de vinos de todo el mundo.

2. Olympos
📍 C6 🏠 Kubelíhova 9, Žižhov
🌐 tavernaolympos.eu · Ⓚ Ⓚ
La mejor cocina griega de Praga. El amplio jardín, con parque infantil, es ideal para cenar en verano. La fuente de ensalada mixta tiene muy buen precio.

3. Mailsi
📍 C6 🏠 Lipanshá 1, Žižhov
🌐 mailsi.cz · Ⓚ Ⓚ
Este pequeño restaurante paquistaní es conocido por su sencillo interior y una comida sabrosa y buen precio.

4. SaSaZu
📍 C5 🏠 Bubenshé nábřeží 306, Holešovice 🌐 sasazu.com · Ⓚ Ⓚ Ⓚ
Lugar emblemático de Holešovice que ofrece un menú de platos excepcionales inspirados en la comida callejera asiática. Por la noche, también se convierte en un popular local de música en directo.

5. Na Kopci
📍 B6 🏠 K Závěrce 20, Praha 5
🌐 nahopci.com · Ⓚ Ⓚ Ⓚ
Incluido en la guía Michelin como "Bib Gourmand", ofrece un menú degustación de cuatro platos de exquisiteces francesas y checas a base de ingredientes locales y de temporada.

6. Salabka
📍 B5 🏠 K Bohnicím 2, Praha 7
🏠 do-ma 🌐 salabka.cz · Ⓚ Ⓚ Ⓚ
Rodeado de extensos viñedos, se encuentra cerca del distrito de Troja y es famoso por sus galardonados vinos. Platos de caza y de pescado de agua dulce de la zona.

7. Chorvatský Mlýn
📍 A5 🏠 Horoměřichá 3a, Praha 6, Dejvice
🌐 chorvatshymlyn.cz · Ⓚ Ⓚ Ⓚ
En el emplazamiento original del "Molino croata" del siglo XVII, se encuentra en el centro de la Reserva Natural de Divoká Sárka.

8. U Cedru
📍 B5 🏠 Národní Obrany 27, Dejvice
🌐 ucedru.cz · Ⓚ Ⓚ
Cocina libanesa tradicional. Conviene pedir una pita con *hummus, tabbouleh* y otros aperitivos.

9. ESKA
📍 C6 🏠 Pernerova 49, Karlín
🌐 esha.ambi.cz · Ⓚ Ⓚ
En una antigua fábrica de tejidos, este café, panadería y restaurante sirve desayunos hasta la tarde.

10. U Marčanů
📍 A6 🏠 Veleslavínshá 14, Praha 6
🌐 umarcanu.cz · Ⓚ
Música folk y baile hacen de este restaurante un lugar ideal para almorzar. Grandes porciones de comida checa se sirven en las mesas corridas. Conviene reservar y pedir un taxi.

El elegante
comedor de Aromi

DATOS ÚTILES

Tranvía de Praga

CÓMO LLEGAR Y MOVERSE

Ya sea a pie o en transporte público, aquí está toda la información necesaria para recorrer la ciudad y sus alrededores como un praguense.

PRECIO DEL TRANSPORTE PÚBLICO

VIAJE CORTO

30 Kč

30 minutos incluidos transbordos

BILLETE SENCILLO

40 Kč

(zonas 1-3)

ABONO DE 1 DÍA

120 Kč

24 horas sin límite de viajes

LÍMITES DE VELOCIDAD

AUTOPISTA

130 km/h

AUTOVÍA

110 km/h

CARRETERAS NACIONALES

90 km/h

ZONAS URBANAS

50 km/h

Llegada en avión

Más de 60 aerolíneas internacionales vuelan al **aeropuerto Václav Havel de Praga** (PRG), situado a 15 km al noroeste del centro de la ciudad, en Ruzyně.

La Terminal 2 atiende a todos los vuelos nacionales y a destinos dentro de la UE y otros países de la zona Schengen. **Iberia, Czech Arlines** y **Air Europa** operan vuelos desde España a Praga. Las aerolíneas de bajo coste **Ryan Air, Smartwings** y **Vueling** tienen también buenas ofertas.

Ir y volver del aeropuerto de Praga es fácil, económico y relativamente rápido. Hay que calcular al menos 60 minutos para llegar al aeropuerto por carretera desde el centro de la ciudad en hora punta. La combinación de metro y autobús tarda unos 45 minutos, dependiendo de las conexiones. Hay un autobús compartido gestionado por **Prague Airport Shuttles** que va al centro de la ciudad cada 15 minutos. Los usuarios también pueden solicitar que les dejen en su alojamiento.

Aeropuerto Václav Havel de Praga

ⓦ prg.aero

Air Europa

ⓦ aireuropa.com

Czech Airlines

ⓦ csa.cz

Iberia

ⓦ iberia.com

Prague Airport Shuttles

ⓦ prague-airport-shuttle.cz

Viajes de tren internacionales

Las estaciones Hlavní nádraží y Nádraží Holešovice de Praga están conectadas con las principales ciudades de Europa por trenes de alta velocidad. Es fundamental reservar, pues las plazas se ocupan enseguida, sobre todo en los meses de verano.

Se pueden comprar los billetes y los trayectos combinados en **Eurail** o **Interrail**, aunque tal vez haya que pagar una tasa adicional por la reserva según sea el desplazamiento. Conviene comprobar siempre antes de subir al tren que el billete es válido para el viaje que se desea realizar. Los estudiantes y los menores de 26 años tienen descuentos.

Eurail
W eurail.com
Interrail
W interrail.eu

Trenes regionales

La compañía que opera los viajes en la República Checa es **České Dráhy (ČD)**.

La estación de ferrocarril con más movimiento de Praga es Hlavní nádraží, a solo cinco minutos andando de la plaza de Wenceslao. Después de una reforma general, este edificio *art nouveau* alberga tiendas, restaurantes, un *pub* e incluso una joyería. En la planta baja hay una consigna de equipajes barata y la taquilla principal (horario: 3.20-24.30). También hay una agencia de viajes ČD en la que se pueden adquirir billetes internacionales en máquinas o a personal políglota.

En Praga operan varios tipos de trenes y por todo el país, entre ellos los expresos *(rychlík)*, para largas distancias, y trenes de pasajeros *(osobní)*, de ámbito local y que paran en todas las estaciones.

Se pueden comprar los billetes con antelación. Si se quiere adquirir el billete justo antes de que salga el tren, hay que tener en cuenta que las colas pueden ser largas.

En los horarios, un cuadrado con una "R" junto al número de tren indica que hay que tener billete reservado. La "R" sin recuadro indica que se aconseja reservar. Si se ocupa un asiento indebido, hay que pagar una multa en el acto.
České Dráhy (ČD)
W cd.cz

Transporte público

Los autobuses, tranvías y metro de Praga los gestiona la **Empresa de Transporte Público de Praga (DPP)**. En la página web y la app se pueden consultar horarios,

información sobre billetes, planos y mucho más.

El mejor modo de desplazarse por Praga en transporte público es el tranvía o el metro. Las horas punta son entre 6.00 y 9.00 y entre 15.00 y 17.00, de lunes a viernes. Sin embargo, en esas horas hay más trenes, tranvías y autobuses, por lo que las aglomeraciones no suelen ser un problema. Algunas líneas de autobús que llevan a las afueras solo funcionan en horas punta. Hay que decir que el centro de la ciudad está muy concentrado y que se puede llegar andando a la mayoría de los lugares de interés.
Empresa de Transporte Público de Praga (DPP)
W dpp.cz

Billetes

Praga cuenta con un sistema de transporte público integrado. Los billetes son válidos para la mayoría de los medios de transporte público. Requiere un billete aparte el funicular que lleva desde Újezd hasta lo alto de la colina Petřín.

Los billetes se pueden comprar en las máquinas expendedoras de las estaciones de metro, en las principales paradas de tranvía y en casi todos los quioscos *(tabák)*.

Hay que comprarlos antes de viajar y validarlos en las máquinas correspondientes. Los revisores realizan controles periódicos y cobran una multa importante si se viaja sin billete. Los menores de 6 años y los mayores de 70 viajan gratis; los billetes entre 6 y 15 años y entre 60 y 65 años cuestan la mitad (se acepta cualquier tipo de documento de identidad o pasaporte).

Los billetes sencillos son más caros; para explorar la ciudad a fondo, los billetes para varios trayectos salen mejor de precio. Hay abonos para un día (120 Kč) y para tres días (330 Kč).

TRANSPORTE AL AEROPUERTO

Transporte	Tiempo de trayecto	Precio
Airport Express Bus	35-50 min	60 Kč
Metro/Autobús/Autobús nocturno	45-50 min	32 Kč
Shuttle Bus	30 min-1 h	290 Kč
Taxi	30 min-1 h	600 Kč

Autobuses

Seguramente se utilizará el autobús solo para ir y venir del aeropuerto, o para ir a lugares apartados de la ciudad. Hay tres líneas de autobús: Malá Strana, Staré Město y Nové Město.

Los horarios están en las paradas. Los diurnos circulan desde las 5.00 hasta las 24.00 y pasan cada 6-30 minutos. Los nocturnos (líneas 901-915) circulan desde las 24.00 hasta las 4.30 y pasan cada 20-60 minutos.

Los billetes comprados con antelación hay que validarlos en las máquinas que hay junto a las puertas.

Autobuses de larga distancia

Los autobuses de larga distancia o autocares pueden ser una opción barata para visitar Praga. A otras ciudades checas, como Karlovy Vary, Hradec Králové, Český Krumlov o Terezín, es mucho más fácil llegar en autobús que en tren.

La principal terminal de autobuses es Florenc, en el extremo nororiental de Nové Město.

Fixbus y **RegioJet** ofrecen diversos trayectos a Praga desde otras ciudades europeas y algunos trayectos dentro del país.

Flixbus
🆆 flixbus.com
RegioJet
🆆 regiojet.com

Tranvías

Son el medio de transporte público más eficiente de Praga. La completa red cubre un territorio extenso, incluido el centro.

Los planos y horarios de las paradas ayudan a localizar el destino y la línea. La dirección del viaje viene indicada por el destino final.

Las líneas 6, 9, 17 y 22 son las más útiles para desplazarse por el centro. Pasan por los principales lugares de interés de ambas orillas del Moldava y es un modo agradable de ver la ciudad.

Los tranvías circulan a diario entre las 4.30 y las 24.30. Los nocturnos (líneas 91-99) pasan cada 30 minutos y están indicados en las paradas con un número blanco sobre fondo oscuro.

Metro

El metro es el medio más rápido. La red subterránea de Praga se compone de cuatro líneas (A, B, C y D), opera de las 5.00 a las 24.00.

La línea A (verde) es la más útil para los turistas y llega a las principales zonas del centro, incluida la principal zona comercial en torno a la plaza de Wenceslao.

Las estaciones están señalizadas en inglés y en checo, y los demás paneles de información, en varias lenguas.

Praga en barco

Los recorridos por el Moldava brindan vistas fabulosas de los principales lugares de interés de la ciudad. La mayoría operan en los meses de verano e incluyen recorridos, cruceros con cena romántica y alquileres para uso privado.

Los billetes se pueden reservar con antelación. Los proveedores del servicio son **Evropská Vodní Doprava** o **Prague Boats.** También se puede preguntar el mismo día en uno de los muchos puntos de embarque del río.

Evropská Vodní Doprava
🆆 evd.cz
Prague Boats
🆆 prague-boats.cz

Taxis

En Praga todos los taxis son privados y hay muchos conductores sin escrúpulos que intentan cobrar todo lo que pueden. Si el usuario sospecha que el taxista le ha estafado, debe tomar su nombre y su número para denunciarlo a la policía.

Hay que buscar las filas de taxis señaladas con un cartel amarillo que dice "taxi" y el símbolo de un pulgar naranja hacia arriba. Los taxis que paran ahí garantizan un máximo de 40 Kč por bajada de bandera, 36 Kč por kilómetro recorrido y 6 Kč por minuto. El taxista está obligado a entregar factura oficial.

La empresa de taxis que es seguro parar en la calle es **AAA Taxi.** Sin embargo, lo más barato es pedirlo por teléfono o utilizando la app de la empresa.

AAA Taxi
🆆 aaataxi.cz

En coche

No se recomienda conducir en Praga. El complejo entramado de calles de sentido único, la falta de aparcamiento y las zonas peatonales dificultan mucho la conducción.

Conducir a Praga

A la República Checa se llega fácilmente en coche desde la mayoría de países de Europa por carreteras europeas de la Red Europea Internacional.

Praga está conectada con casi todos los principales pasos fronterizos mediante autopistas (carreteras D). Para conducir por autopista es preciso llevar visible una pegatina de peaje especial que se compra en la frontera, las gasolineras y las oficinas de correos.

Conducir en Praga

Conducir en Praga puede ser estresante y debe evitarse. Hay que tener cuidado con los ciclistas y los tranvías. Estos últimos tienen preferencia; cuidado con los giros, y hay que dar prioridad a los ciclistas.

Los vehículos se deben aparcar en la derecha de las calles, salvo en las de una sola dirección. En el centro escasean las zonas de aparcamiento y las multas por aparcamiento indebido son abultadas. **Parkuj v klidu** ofrece información detallada sobre aparcamiento. Los parquímetros, de 8.00 a 20.00, cuestan un máximo de 80 Kč por hora y varían en precio y duración según sea zona naranja, azul o violeta. Por desgracia, el robo de coches es muy frecuente. Conviene dejar el coche en un aparcamiento oficial –preferiblemente subterráneo– o en uno vigilado (con el símbolo "P+R") en las afueras de la ciudad y acceder al centro en transporte público.

Si se produce un accidente, el vehículo no se puede mover hasta que la policía lo inspeccione. En caso de emergencia, se puede llamar a la asistencia en carretera, Autoklub Bohemia Assistance **(ÚAMK)** al número 1240.
Parkuj v klidu
🅦 parkujvklidu.cz
ÚAMK
🅦 uamk.cz

Alquiler de coches

Para alquilar un coche en la República Checa es preciso ser mayor de 21 años y tener carné de conducir desde, al menos, un año antes de alquilar. Los menores de 26 años pueden tener que pagar una tasa adicional.

Normas de circulación

Se conduce por la derecha. A menos que se indique otra cosa, los vehículos que vienen por la derecha tienen preferencia.

Hay que llevar siempre el permiso de conducir en vigor y la documentación del vehículo y el seguro.

Todos los ocupantes deben llevar abrochado el cinturón de seguridad. Los niños pequeños deben viajar en el asiento de atrás. Está terminantemente prohibido usar el teléfono móvil mientras se conduce, salvo con sistemas de manos libres.

En bicicleta

Praga es una ciudad adaptada para las bicicletas y tiene muchos carriles bici. Las bicicletas se pueden alquilar por horas o por días. Las fianzas suelen pagarse por adelantado y se devuelven a la vuelta. **Praha Bike** ofrece alquileres y recorridos privados. También hay sistemas públicos como **Rekola,** que se gestiona con una app.

Se circula por la derecha. Cuidado con las vías del tranvía; conviene cruzarlas en perpendicular para evitar quedarse atascado. Por seguridad, no hay que caminar con la bicicleta al lado por el carril bici ni circular por zonas peatonales, ni en la oscuridad sin luces. Se recomienda llevar casco.
Praha Bike
🅦 prahabike.cz
Rekola
🅦 rekola.cz

A pie

El centro es compacto y caminar es el mejor modo de ver la ciudad. Conviene llevar calzado plano cómodo, tener cuidado con el adoquinado y vigilar los tranvías, que tienen prioridad.

Hay muchas visitas guiadas a pie, rutas temáticas que abarcan desde la Praga histórica hasta la Praga encantada. La mayoría sale de la base del reloj astronó-mico, en la plaza de la Ciudad Vieja.

INFORMACIÓN PRÁCTICA

Conocer la información local ayuda a moverse con facilidad por Praga. Aquí están todos los consejos e información esencial que pueden resultar necesarios durante la estancia.

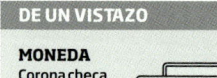

MONEDA
Corona checa (CZK)

GASTO MEDIO DIARIO

BAJO	MEDIO	ALTO
2.500 Kč	4.000 Kč	+5.000 Kč

AGUA MINERAL	CAFÉ	CERVEZA	CENA PARA DOS
25 Kč	65 Kč	45 Kč	1.250 Kč

FRASES ÚTILES

Hola	Dobrý den
Adiós	Na shledanou
Por favor	Prosím
Gracias	Děkuji vám
¿Habla inglés?	Mluvíte anglicky?
No entiendo...	Nerozumím

ENCHUFES
Las tomas de corriente son de tipo E, con dos clavijas. La corriente es de 230 voltios.

Documentación

Los españoles y otros ciudadanos de la Unión Europea pueden viajar a Praga presentando su DNI o su pasaporte. Para estancias que no superen los tres meses no se necesita visado. Se puede ampliar la información en las webs del **Ministerio de Asuntos Exteriores de la República Checa** y de la **Embajada de la República Checa en España.**
Embajada de la República Checa en España
🌐 mzv.gov.cz/madrid/es
Ministerio de Asuntos Exteriores de la República Checa
🌐 mzv.cz

Consejos oficiales

Es importante tener en cuenta los consejos oficiales antes de viajar. En la página web del **Ministerio de Asuntos Exteriores de España** y en la del **Gobierno de la República Checa** está disponible la información actualizada sobre seguridad, salud y regulaciones locales.
Gobierno de la República Checa
🌐 gov.cz
Ministerio de Asuntos Exteriores de España
🌐 exteriores.gob.es

Información de aduanas

La página web de la **Agencia de Aduanas de la República Checa** ofrece información relativa a la legislación sobre bienes y divisas que se pueden introducir o sacar de la República Checa. Los ciudadanos de la UE no tienen limitación de artículos, siempre que sean para uso personal.
Agencia de Aduanas de la República Checa
🌐 celnisprava.cz

Seguros de viaje

Es recomendable contratar un seguro completo que cubra robos, pérdida de pertenencias, problemas médicos, cancelaciones y retrasos, y leerse la

letra pequeña. Los ciudadanos de la UE tienen derecho a atención sanitaria urgente de modo gratuito en la República Checa si presentan la **Tarjeta Sanitaria Europea (TSE).**
Tarjeta Sanitaria Europea (TSE)
🅦 seg-social.es

Vacunas
No se exige ninguna vacuna para entrar en la República Checa.

Dinero
La mayoría de los establecimientos aceptan las principales tarjetas de crédito, débito y prepago. Los pagos *contactless* son cada vez más comunes, pero siempre es buena idea llevar algo de efectivo para artículos pequeños y mercados locales.

La propina en los restaurantes (en torno al 10 %) se considera de buena educación, aunque dar una propina excesiva puede resultar incómodo. En los hoteles los porteros suelen esperar 50 kč por maleta, el servicio de limpieza 30 kč al día y el conserje entre 30 y 50 kč al día. Los taxistas no esperan propina.

Viajeros con necesidades específicas
Las calles estrechas y con pavimento desigual convierten a la ciudad en un espacio difícil para los usuarios con silla de ruedas. Sin embargo, la situación está mejorando. La mayor parte de los edificios públicos tienen rampas de acceso. Casi todos los tranvías y autobuses tienen plataformas de acceso y la mayoría de las estaciones de metro cuentan con ascensor. Los horarios de las paradas de los tranvías indican qué servicios son accesibles para silla de ruedas. Visite la página web de la **Empresa de Transporte Público de Praga (DPP)** para planificar el viaje con tranvías, autobuses y estaciones de metro accesibles.

En el aeropuerto, la asistencia es gratuita pero hay que reservarla a través de la compañía aérea o la agencia de viajes. **Accessible Prague** organiza transporte desde el aeropuerto hasta el centro de la ciudad para usuarios con silla de ruedas. También ayudan a encontrar alojamiento adecuado y organizan visitas y excursiones a la medida de las necesidades de los visitantes.

Prague Organization of Wheelchair Users dispone de muchos recursos, entre ellos mapas interactivos y guías en braille.
Accessible Prague
🅦 accessibleprague.com
Prague Organization of Wheelchair Users
🅦 presbariery.cz
Empresa de Transporte Público de Praga (DPP)
🅦 dpp.cz/en/barrier-free-travel

Idioma
El checo es el idioma oficial de la República Checa. Quienes trabajan en el sector turístico suelen tener buen nivel de inglés, pero se valora que el turista sepa algunas frases en checo.

Horarios
En el centro las tiendas suelen abrir de 9.00 a 18.00, de lunes a sábado. Los centros comerciales abren hasta las 20.00 o las 21.00. Algunos comercios cierran antes los sábados y cierran todo el domingo. El transporte público tiene un servicio reducido los fines de semana.

Diversos museos y monumentos cierran los lunes. La última hora de entrada a muchos monumentos es 30 minutos antes del cierre.

Los días festivos, las escuelas, los bancos y los servicios públicos cierran y algunos museos, monumentos y comercios cierran antes o todo el día.

La pandemia de **COVID-19** demostró que todo puede cambiar repentinamente. Antes de visitar museos, monumentos u otros lugares de interés consulte los horarios actualizados y las formalidades de reserva.

Seguridad personal

Praga es relativamente segura y la violencia es inusual. Sí hay que tener cuidado con los carteristas, sobre todo en los tranvías, en el metro y en los lugares turísticos concurridos. Hay que aplicar el sentido común y estar alerta. Conviene evitar parar taxis en la calle; es mejor solicitarlos a una emisora de radiotaxi fiable *(p. 138)*.

DE UN VISTAZO

NÚMEROS DE EMERGENCIA

URGENCIAS EN GENERAL	POLICÍA
112	**158**

AMBULANCIAS	BOMBEROS
155	**150**

ZONA HORARIA
El horario de verano europeo (CEST) comprende desde el último domingo de marzo hasta el último domingo de octubre.

AGUA DEL GRIFO
A menos que se indique lo contrario, el agua del grifo de Praga es potable.

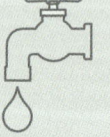

PÁGINAS WEB Y APPS

prague.eu
Página oficial de información turística de Praga.

Empresa de Transporte Público de Praga (DPP)
Página web y app oficiales del transporte público de Praga *(dpp.cz)*.

Lítačka
Compra de billetes de transporte público sin papel directamente desde el móvil o dispositivo inteligente.

Pivní Deníček
App que muestra el bar más cercano, qué cerveza sirven y cuánto cuesta.

En caso de robo, hay que denunciarlo lo antes posible en la comisaría más próxima llevando el carné de identidad. Se debe guardar una copia de la denuncia para reclamar al seguro.

Si se trata del robo del pasaporte o si el usuario se ve implicado en un delito o accidente grave, hay que ponerse en contacto con la embajada lo antes posible.

Por lo general, los checos aceptan a todo el mundo, con independencia de su raza, género u opción sexual. Praga cuenta con una activa escena LGTBIQ+, con numerosos locales y una fiesta anual del Orgullo, en agosto. La homosexualidad se legalizó en 1962, pero la legislación checa no reconoce los matrimonios entre personas del mismo sexo. En caso de sentirse inseguro, **Safe Space Alliance** indica el lugar más cercano donde encontrar protección.
Safe Space Alliance
🔵 safespacealliance.com

Salud

El sistema sanitario de la República Checa es de primer nivel. La atención médica de urgencia es gratuita para todos los ciudadanos del Reino Unido y la UE. Si se dispone de TSE, hay que presentarla lo antes posible. Tal vez haya que pagar el tratamiento y reclamar después la devolución del dinero.

Para los demás visitantes, las facturas hospitalarias y los gastos médicos son responsabilidad del paciente. Por eso es importante contratar un seguro médico completo antes de viajar.

Para problemas de salud leves hay que acudir a una farmacia *(lékárna)*. Se identifican fácilmente por una gran cruz verde. En el escaparate suele haber detalles de las más próximas con servicio 24 horas.

Tabaco, alcohol y drogas

En Praga está rigurosamente prohibido fumar en todos los espacios públicos, incluidos edificios, bares, cafés, tiendas, restaurantes y hoteles.

La tenencia de narcóticos está limitada. La posesión de sustancias ilegales podría suponer condena de cárcel.

No hay prohibición tajante sobre el consumo de alcohol en la calle; sin embargo, beber alcohol en el autobús, el tren, las estaciones de metro, los jardines y los parques infantiles y cerca de los colegios está prohibido y puede acarrear una multa. En muchas calles de Staré Město tienen prohibido caminar con un botella o una lata abierta.

La República Checa impone una estricta tolerancia cero sobre el consumo de alcohol y la conducción. También se aplica a los ciclistas.

Carné de identidad

Es obligatorio llevar siempre algún tipo de carné de identidad o, en su defecto, una fotocopia del pasaporte.

Turismo responsable

Praga, una de las ciudades más visitadas de Europa, sufre de exceso de turismo y los visitantes ebrios son un verdadero problema. No está de más ser considerado con los vecinos, sobre todo en las zonas residenciales (hacer mucho ruido en algunas zonas puede acarrear una multa).

Los vasos reutilizables son habituales en mercados y eventos, así que se pueden evitar los plásticos de un solo uso. Tirar basura en la calle o en los parques conlleva una multa considerable, así que hay que utilizar las papeleras públicas y no dejar basura.

La compra local es muy beneficiosa; cuidado con las trampas para turistas, conviene buscar comercios y artesanos locales.

Visita a lugares de culto

Se aconseja vestir con respeto, hablar en voz baja y evitar el *flash*. En las sinagogas hay que cubrirse la cabeza y nunca dar la espalda al arca.

Teléfonos móviles y wifi

En el centro de Praga hay muchos lugares con wifi gratis. Los cafés y restaurantes suelen permitir que se utilice su wifi siempre que se consuma algo. Quienes viajan a Praga con tarifas de la UE pueden utilizar sus aparatos sin que les afecten las tarifas de *roaming*. Se les cobrará por el uso de datos, SMS y llamadas de voz lo mismo que pagarían en su país.

Correos

Los sellos se compran en las oficinas de correos, quioscos y estancos *(tabák)*.

Los paquetes y las cartas certificadas se deben enviar desde una oficina de correos. No hay correo de primera y segunda clase, pero la mayoría de las cartas suele llegar a su destino al cabo de unos días.

Impuestos y devoluciones

En la República Checa el IVA es de alrededor del 20 % para la mayoría de los artículos. Los no residentes en la UE pueden solicitar la devolución en compras que superen los 2.000 Kč, bajo determinadas condiciones. Esto no incluye el tabaco ni el alcohol.

Al hacer la compra, hay que pedir un formulario. Al salir del país, se presenta en la aduana junto con la factura de la compra y el carné de identidad.

Tarjetas de descuento

Hay varios pases o tarjetas a disposición de los visitantes de la ciudad.

El **Prague CoolPass** ofrece entrada gratuita a más de 70 lugares y descuentos en muchos más, así como descuentos en visitas guiadas, cruceros y conciertos. Los pases son válidos de 1 a 10 días (de 55 a 139 €) y están disponibles como pase digital a través de una aplicación móvil o como tarjeta física.

El **Prague City Pass** incluye la entrada gratuita o con descuento a los lugares más populares de Praga. Cuesta 1.390 Kč y es válido durante 30 días a partir del primer uso. Disponible en línea y en las oficinas de turismo participantes.

El **Prague Visitor Pass** comprende la entrada a casi 70 lugares, descuentos en visitas, eventos y mucho más, además de viajes gratuitos en transporte público. La tarjeta es válida durante 48, 72 o 120 horas desde el primer uso y está disponible en Internet y en algunas oficinas de turismo oficiales de Praga.

Prague City Pass
W praguecitypass.com
Prague CoolPass
W praguecoolpass.com
Prague Visitor Pass
W praguevisitorpass.eu

DÓNDE ALOJARSE

Desde opulentos hoteles de estilo *art nouveau* hasta acogedores alojamientos familiares, Praga tiene un hotel para cada tipo de viajero. Si lo que se busca es una estancia de lujo, lo ideal es un antiguo palacio. Si se antepone la ubicación, entonces un hotel junto al puente de Carlos IV o a la plaza de la Ciudad Vieja. Si se quiere disfrutar de la vida nocturna, lo mejor es un albergue en las afueras.

Los hoteles históricos están por todas partes, pero por qué no aprovechar la oportunidad de explorar también el lado más peculiar de la ciudad, tal vez alojándose en un barco amarrado o en un lugar retro con toques de arte pop.

PRECIOS

Por habitación doble (con desayuno, si está incluido), impuestos y otros cargos.

Kč menos de 3.000 Kč
Kč Kč 3.000-6.000 Kč
Kč Kč Kč más de 6.000 Kč

Staré Město

Ahoy! Hostel

📍 L6 🏠 Na Perštýně 10
🌐 ahoyhostel.com · Kč

Es difícil encontrar una opción excelente y económica en Staré Město, pero Ahoy! es la solución. Se puede tomar una cerveza checa de la nevera del albergue o explorar la plaza del casco antiguo, a solo cinco minutos a pie. Se pueden reducir aún más los costes en los eventos nocturnos gratuitos del albergue.

Hotel Aurus

📍 K4 🏠 Karlova 3
🌐 adrezliving.com · Kč Kč

Si se busca una escapada tranquila pero también estar en el centro de la acción, este hotel de gestión familiar es ideal. Aunque se halla en la histórica Ruta Real, a solo unos minutos del puente de Carlos IV y de la plaza de la Ciudad Vieja, el edificio declarado Patrimonio de la Humanidad por la Unesco se encuentra en la calle más tranquila de la zona. En su interior es un santuario, las habitaciones tienen techos altos con vigas, accesorios de madera y muebles antiguos.

Hotel Josef

📍 N2 🏠 Rybná 20
🌐 hoteljosef.com · Kč Kč

El Hotel Josef ayuda a los huéspedes a mantenerse en forma durante las vacaciones. Este hotel moderno y minimalista no solo cuenta con un magnífico gimnasio en la azotea, sino que también organiza carreras gratuitas todos los martes y viernes por la mañana. Y después del ejercicio, nada mejor que tomar un batido y productos recién horneados de la panadería francesa del hotel.

Buddha-Bar Hotel

📍 N3 🏠 Jakubshá 649/8
🌐 buddhabarhotel prague.com · Kč Kč

Con sus murales de dragones, su decadente combinación de colores rojo y dorado y un Buda de 1 m en el vestíbulo, este hotel de lujo es un trocito del este de Asia en Europa central. El restaurante sirve deliciosos platos pana-siáticos y el *spa* ofrece rituales exclusivos como el llamado "Viaje a Bali".

The Emblem Hotel

📍 L3 🏠 Platnéřshá 19
🌐 emblemprague.com · Kč Kč Kč

Este hotel de cinco estrellas es admirado por muchas razones: un excelente *spa*, una impresionante colección de arte contemporáneo y varios espacios donde tanto los praguenses como los visitantes pueden relajarse, beber o trabajar. Sobre todo, se debe al George Prime Steak, uno de los mejores restaurantes de carnes de la ciudad; el T-bone es excelente.

Hotel Pařiž

📍 P3 🏠 U Obecního domu 1 🌐 hotel-paris.cz · Kč Kč Kč

Techos abovedados, estatuas doradas y una gran escalera del vestíbulo. Este hotel rebosa elegancia con su estilo *art nouveau* de principios del siglo XX. Una bebida de cortesía al registrarse es la guinda del pastel.

The Mozart

W K5 **A** Karolíny Světlé 34
W themozart.com · Kč Kč Kč

Se dice que el conde Jan Pachta, propietario de este antiguo palacio, encerró a Mozart en una de las habitaciones hasta que compuso una pieza para la orquesta de Pachta. Cierto o no, Mozart se alojó aquí en sus mejores tiempos. Tiene una hermosa ubicación junto al río, suntuosas habitaciones y románticos patios que acogen conciertos en verano.

Malá Strana

Vintage Design Hotel Sax

W B3 **A** Jánský vršek 3
W sax.cz · Kč Kč

Este hotel retro es el contraste perfecto de los monumentos medievales vecinos. Todas las habitaciones están decoradas con estilos de los años 50, 60 y 70, como dibujos abstractos y toques de arte pop, y equipadas con muebles originales de la época. Está a un corto paseo del muro de John Lennon, si se busca un aire más bohemio.

Hotel Pod Věží

W D3 **A** Mostecká 2
W podvezi.com · Kč Kč

Alojarse junto a la torre del puente de Carlos IV es una experiencia, pero no es lo único que ofrece este hotel. Su crepería es la guinda del pastel (o de la crepe), ya que sirve crepes dulces y saladas, además de sándwiches y ensaladas frescas.

Golden Well Hotel

W C2 **A** U Zlaté studně 4
W goldenwell.cz · Kč Kč Kč

Merece la pena alojarse en este lugar solo por el desayuno en la azotea. Por suerte, tiene muchas más ventajas, empezando por su romántica ubicación en una residencia real del siglo XVI, junto a los jardines Ledebour. Y lo que es mejor, las habitaciones cuentan con bañera de hidromasaje y magníficos muebles Richelieu.

Charles Bridge Hostel

W D3 **A** Mostecká 4
W charlesbridgehostel.com · Kč

Como su nombre indica, este albergue es todo ubicación. Cerca del puente de Carlos IV, es una opción económica en una zona bastante cara, y el dinero alcanza aún más aquí con excursiones gratuitas, alquiler de guías y descuentos en varias experiencias en Praga.

The Augustine

W D2 **A** Letenshá 12/33
W marriott.com · Kč Kč Kč

Puede que le forme parte de la Luxury Collection del Marriott, pero este antiguo monasterio del siglo XIII no ha olvidado sus orígenes. Los techos abovedados, las puertas originales y las vigas vistas recuerdan la vida pasada del complejo, y las antiguas dependencias de los monjes se han transformado en hermosas habitaciones con una decoración inspirada en el cubismo checo del siglo XX. El monasterio sigue elaborando su propia cerveza según una receta monástica agustiniana; se puede probar en el restaurante del hotel.

Castillo de Praga y Hradčany

Hotel Questenberg

W A3 **A** Úvoz 15/155
W questenberg.cz · Kč Kč

Este pequeño hotel barroco tiene unas vistas maravillosas de Praga, desde el parque Petřín hasta Malá Strana y Staré Město. El precio que hay que pagar por semejante lujo es un paseo relativamente largo cuesta arriba desde Malá Strana, pero merece la pena.

Romantický Hotel U Raka

W A2 **A** Černínshá 10
W hoteluraka.cz · Kč Kč

Este establecimiento familiar está rodeado de encanto. En una tranquila calle cerca del castillo de Praga, las paredes del siglo XVIII encierran acogedoras habitaciones de estilo rústico salpicadas de muebles antiguos. Si es posible, se aconseja reservar la habitación nº 6, que tiene su propio jardín privado y una chimenea.

Hotel Savoy

📍 A2 🏠 Keplerova 6
🌐 savoyprague.cz · Kč Kč

Tina Turner, David Bowie y las Spice Girls se han alojado en este gran hotel, un antiguo cine del siglo XIX que hoy conserva sus estrellas. El edificio *art nouveau* irradia *glamour*: el suelo de mármol del vestíbulo, los muebles de época en las zonas comunes y la decoración tradicional de las habitaciones con alfombras estampadas.

Josefov y el norte de Staré Město

Residencia Bene

📍 N2 🏠 Dlouhá 48
🌐 residence-bene.cz · Kč

Las ubicaciones rara vez son mejores que esta, y mucho menos a este precio. Alojarse aquí es estar a pocos minutos de los mejores lugares de Josefov y Staré Město, y a un paso de la plaza de la Ciudad Vieja. Las habitaciones son sencillas, pero cumplen su cometido.

River Hotel Königstein

📍 L1 🏠 Königstein, Dvořákovo nábřeží
🌐 riverhotel.cz · Kč Kč

Ofrece una experiencia única, dejarse arrullar por las suaves aguas del Moldava. Es algo completamente distinto al resto de la ciudad: la posibilidad de alojarse en un barco amarrado a orillas del río. Y al despertar, subir a la cubierta superior para desayunar con vistas al castillo de Praga.

The President

📍 L1 🏠 Náměstí Curieových 1
🌐 axxoshotels.com
· Kč Kč Kč

El exterior brutalista de este antiguo edificio comunista no podría ser más diferente de su moderno interior. Las habitaciones están equipadas con muebles de diseño, obras de arte y enormes ventanales por los que entra mucha luz, perfectos para contemplar el castillo de Praga desde el otro lado del río. Lo mejor de todo es que el excelente restaurante Elements sirve cocina checa e internacional.

Nové Město

MeetMe23

📍 G4 🏠 Washingtonova 23 🌐 meetme23.com · Kč

Aquí uno puede olvidarse de la clásica llave de hotel. La puerta de la habitación se puede desbloquear con el teléfono, y eso es solo el principio de la apuesta del hotel por la tecnología. Un recepcionista virtual da la bienvenida al visitante, un vídeo con un «recorrido virtual» sobre Praga inspira su itinerario e incluso hay una impresora 3D donde imprimir un recuerdo del llamado Blueman, una figura azul imagen del hotel. Es un hotel extravagante, con visión de futuro e, irónicamente, ubicado en un edificio histórico.

The ICON

📍 F4 🏠 V jámě 6
🌐 iconhotel.eu · Kč Kč

Es la prueba de que se puede encontrar lujo a un precio razonable. Las habitaciones incluyen las comodidades que cabría esperar de lugares exclusivos, como sábanas de primera calidad que cubren camas hechas a mano traídas de Suecia y artículos de tocador Rituals. Un excelente restaurante de tapas y el desayuno durante todo el día son el colofón.

Mosaic House Design Hotel

📍 E5 🏠 Odboru 4
🌐 mosaichouse.com
· Kč Kč

No se limita a mejorar la estancia (aunque lo hace, con acogedoras habitaciones, un elegante café y un *spa* privado). También se compromete a ofrecer una experiencia sostenible. No solo fue el primer hotel de la República Checa en reutilizar y reciclar las aguas residuales, sino también el primer hotel del país en compensar las emisiones de CO_2, e incluso fabrica su propia tierra. Un hermoso oasis ajardinado.

NYX Hotel Prague

📍 P5 🏠 Panshá 9
🌐 nyx-hotels.com/prague
· Kč Kč

Aquí el huésped se siente como en una obra de arte. Este hotel de diseño es obra del famoso arquitecto modernista Josef Gočar y está repleto de arte urbano de artistas locales que confieren al espacio un aire chic. El 360° Lounge Bar, donde se sirven cócteles de autor con música en directo, es estupendo.

Hotel NH Collection Prague Carlo IV

📍 H3 🏠 Senovážné náměstí 13
🌐 dahotels.com
· Kč Kč Kč

Este hotel ocupa un antiguo palacio del siglo XIX, pero no era la realeza la que pasaba temporadas aquí, sino un antiguo banco, y en este sofisticado lugar se obtiene lo que se paga. Se recomienda una habitación en el ala histórica, repleta de muebles italianos de diseño, y disfrutar de la opulencia en el bar, situado en una antigua cámara acorazada.

Miss Sophie's New Town

📍 G6 🏠 Melounova 3
🌐 miss-sophies.com · Kč
Lo que hace que este lugar tenga tanto éxito puede que sea el *spa*, donde relajarse en un *jacuzzi*, entrar en una sauna de infrarrojos y comer frutos secos entre horas. O quizá sea el desayuno bufé, un despliegue de carnes, quesos, tortillas y tortitas. En todo caso, es el refugio perfecto del bullicio de la ciudad.

The Grand Mark

📍 G3 🏠 Hybernská 12
🌐 grandmark.cz · Kč Kč Kč
Ubicado en un antiguo palacio barroco, sigue siendo digno de la realeza. Las habitaciones están amuebladas con elegancia, el restaurante Le Grill sirve platos magníficamente presentados bajo una gran lámpara de araña, y un jardín privado es el lugar ideal para pasar una velada tranquila.

Las afueras

....

Czech Inn

📍 R2 🏠 Francouzská 76, Vršovice 🌐 czech-inn. com · Kč
Este albergue podría ser el más animado de Praga. Música en vivo, DJ, noches de cine y concursos son solo algunos de los eventos que mantienen a los huéspedes entretenidos por la noche, todo lo cual es la manera perfecta de conocer gente con la que explorar los populares bares de la cercana Krymská.

Brix Hostel

📍 S2 🏠 Roháčova 15, Žižkov 🌐 brixhostel. com · Kč
Será difícil encontrar un lugar mejor situado para disfrutar de la animada vida nocturna de Žižkov. La gran terraza y los dormitorios con varias camas (incluidas opciones exclusivamente femeninas), son perfectos para conocer a noctámbulos con ideas afines con los que salir por la ciudad. Con

suerte, la estancia coincida con una de las improvisadas noches de fiesta del albergue.

Mama Shelter

📍 R1 🏠 Veletržní 1502/20, Holešovice 🌐 mama shelter.com/prague · Kč Kč
Es la sede local de una cadena mundial de moda, popular por una buena razón. A una terraza espectacular para tomar algo informal, un legendario *brunch* dominical, mesas de billar y futbolín, hay que sumarles noches de DJ memorables.

Botanique Hotel

📍 R2 🏠 Sokolovská 11, Karlín 🌐 hotelbotanique. com · Kč Kč
El Botanique se preocupa por el medio ambiente. En todas las habitaciones hay cápsulas Nespresso reciclables, las llaves son de madera (no de plástico) y se ofrecen menús veganos y vegetarianos (en línea, para ahorrar papel). Y lo que es mejor, aquí se pueden cargar gratis los coches eléctricos.

Hotel Le Palais

📍 R2 🏠 U Zvonařky 1, Vinohrady 🌐 lepalais hotel.eu · Kč Kč Kč
Si se busca una lujosa villa de la *belle époque* en uno de los barrios más cotizados de Praga, Le Palais es perfecto. Tiene una sala de lectura, un *spa* y un centro de bienestar. Próximo al precioso parque Havlíčkovy sady.

ÍNDICE

FRASES ÚTILES

Emergencias

¡Socorro!	Pomoc!
¡Alto!	Zastavte!
¡Llame a un médico!	Zavolejte doktora!
¡Llame a una ambulancia!	Zavolejte sanitku!
¡Llame a la policía!	Zavolejte policii!
¡Llame a los bomberos!	Zavolejte hasiče
¿Dónde hay un teléfono?	Kde je telefon?
¿El hospital más cercano?	nejbližší nemocnice?

Comunicación básica

Sí/No	Ano/Ne
Por favor	Prosím
Gracias	Děkuji vám
Disculpe	Prosím vás
Hola	Dobrý den
Adiós	Na shledanou
Buenas tardes	Dobrý večer
mañana	ráno
tarde	odpoledne
noche	večer
ayer	včera
hoy	dnes
mañana	zítra
aquí	tady
allí	tam
¿Qué?	Co?
¿Cuándo?	Kdy?
¿Por qué?	Proč?
¿Dónde?	Kde?

Frases habituales

¿Cómo está?	Jak se máte?
Muy bien, gracias	Velmi dobře děkuji
Encantado de conocerle	Těší mě
Hasta pronto	Uvidíme se brzy
Así está bien	To je v pořádku
¿Dónde está/están…?	Kde je/jsou…?
¿Cuánto se tarda en llegar a…?	Jak dlouho to trvá se dostat do…?
¿Cómo puedo llegar a…?	Jak se dostanu k…?
¿Habla usted inglés?	Mluvíte anglicky?
No entiendo	Nerozumím
¿Podría hablar más despacio?	Mohl(a)* byste mluvit trochu pomaleji?
¿Perdone?	Prosím?
Me he perdido	Ztratil(a)* jsem se

Visitas turísticas

galería de arte	galerie
parada de autobús	autobusová zastávka
iglesia	kostel
jardín	zahrada
librería	knihovna
museo	muzeum
estación de ferrocarril	nádraží
oficina de turismo	turistické informace
Cerrado por festivo	státní svátek

Compras

¿Cuánto cuesta?	Co to stojí?
Me gustaría…	Chtěl(a)* bych…
¿Tiene usted…?	Máte…?
Solo estoy mirando	Jenom se dívám
¿Aceptan tarjeta de crédito?	Berete kreditní karty?
¿A qué hora abren/cierran?	V kolik otevíráte/zaviráte?
este	tento
aquel	tamten
caro	drahý
barato	levný
talla	velikost
blanco	bílý
negro	černý
rojo	červený
amarillo	žlutý
verde	zelený
azul	modrý
marrón	hnědý

Tipos de tienda

antigüedades	starožitnictví
banco	banka
panadería	pekárna
librería	knihupectví
carnicero	řeznictví
farmacia (recetas, etc.)	lékárna
droguería (aseo, etc.)	drogerie
exquisiteces	lahůdky
grandes almacenes	obchodní dům
ultramarinos	potraviny
cristal	sklo
mercado	trh
oficina de correos	pošta
supermercado	samoobsluha
tabaco	tabák
agencia de viajes	cestovní kancelář

En el hotel

¿Tienen una habitación libre?	Máte volný pokoj?
habitación doble con cama de matrimonio	dvoulůžkový pokoj s dvojitou postelí
dos camas	pokoj s dvěma postelemi
botones	vrátný
llave	klíč
Tengo una reserva	Mám reservaci

Entre paréntesis la variante para hablante femenina

En el restaurante

¿Tienen mesa para…?	Máte stůl pro table…?
Quería reservar una mesa	Chtěl(a)* bych rezervovat stůl
desayuno	snídaně
almuerzo	oběd
cena	večeře
La cuenta, por favor	Prosím, účet
Soy vegetariano	Jsem-vegetarián (ka)*
¡camarera!	slečno!
¡camarero!	pane vrchní!
menú a precio fijo	standardní menu
plato del día	nabídka dne
entrante	předkrm
plato principal	hlavní jídlo
verdura	zelenina
postre	zákusek
precio por cubierto	poplatek
carta de vinos	nápojový lístek
poco hecho (filete)	krvavý
al punto	středně udělaný
hecho	dobře udělaný
vaso	sklenice
botella	láhev
cuchillo	nůž
tenedor	vidlička
cuchara	lžíce

La carta

biftek	filete
bílé víno	vino blanco
bramborové knedlíky	buñuelo de patata
brambory	patatas
chléb	pan
cukr	azúcar
čaj	té
červené víno	vino tinto
grilované	a la brasa
houskové knedlíky	buñuelos
hovězí	ternera
hranolky	patatas fritas
husa	ganso
jablko	manzana
jehněčí	cordero
kachna	pato
kapr	carpa
káva	café
kuře	pollo
kyselé zelí	chucrut
maso	carne
máslo	mantequilla
mléko	leche
mořská jídla	marisco
párek	salchicha
pečený	al horno
pečené	asado
polévka	sopa
pivo	cerveza
ryba	pescado
rýže	arroz

salát	ensalada
sůl	sal
sýr	queso
šunka	jamón cocido
vařená/uzená	guisado/ahumado
telecí	ternera
vajíčko	huevo
vařené	cocido
vepřové	cerdo
voda	agua
zelenina	verdura

Números

1	jedna
2	dvě
3	tř
4	čtyři
5	pět
6	šest
7	sedm
8	osm
9	devět
10	deset
11	jedenáct
12	dvanáct
13	třináct
14	čtrnáct
15	patnáct
16	šestnáct
17	sedmnáct
18	osmnáct
19	devatenáct
20	dvacet
21	dvacet jedna
22	dvacet dva
30	třicet
40	čtyřicet
50	padesát
60	šedesát
70	sedmdesát
80	osmdesát
90	devadesát
100	sto
1.000	tisíc
2.000	dva tisíce
5.000	pět tisíc
1.000.000	milión

Tiempo

un minuto	jedna minuta
una hora	jedna hodina
media hora	půl hodiny
dia	den
semana	týden
lunes	pondělí
martes	úterý
miércoles	středa
jueves	čtvrtek
viernes	pátek
sábado	sobota
domingo	neděle

AGRADECIMIENTOS

Edición actualizada por

Colaboraciones Mark Baker, Joesph Reaney

Edición sénior Alison McGill

Edición de proyecto Charlie Baker

Diseño sénior Laura O'Brien, Stuti Tiwari

Diseño de proyecto Bandana Paul

Edición Vineet Singh

Iconografía sénior Taiyaba Khatoon

Documentación fotográfica sénior
Nishwan Rasool

Iconografía Priya Singh, Manpreet Kaur,
Samrajkumar

Diseño de cubierta Laura O'Brien

Cartografía sénior Subhashree Bharati

Cartografía Suresh Kumar, James Macdonald

Diseño DTP sénior Tanveer Zaidi

Diseño DTP Rohit Rojal

Producción sénior Balwant Singh

Producción Kariss Ainsworth

Retoque de imágenes sénior Pankaj Sharma

Responsables editoriales Beverly Smart,
Hollie Teague

Edición de arte Gemma Doyle

Edición de arte sénior Priyanka Thakur

Dirección de arte Maxine Pedliham

Dirección editorial Georgina Dee

DK quiere dar las gracias a las siguientes
personas por su contribución a la edición
anterior: Hilary Bird, Demetrio Carrasco, John
Coletti, Paul Franklin, Kathryn Glendenning,
Nancy Mikula, Rough Guides/Angus Osborn,
Rough Guides/Susannah Sayler, Jonathan
Schultz, Tony Souter, Linda Whitwam.

La editorial quiere agradecer a las siguientes
personas, instituciones y compañías el permiso
para reproducir sus fotografías:

(Leyenda: a-arriba; b-abajo; c-centro; f-extremo;
l-izquierda; r-derecha; t-superior)

Alamy Stock Photo: Andrey Akimov 66b, Album
54, Belikart 63tr, Carlo Bollo 9br, Petr Bonek 8,
Ian Bottle 59b, Peter Forsberg / CR 47b, ©
Zdenek Pridal / CTK Photo 93b, CTK 10bl, 56b,
CTK Photo / Katerina Sulova 12cr, Katerina
Sulova / CTK Photo 93t, Ian Dagnall 89t, Britta
Pedersen / dpa 11, dpa picture alliance 57,
Robert Dziewulski 23bl, Adam Eastland 13bl,
eFesenko, 26cla, GL Archive 9tl, Manfred Glueck
72, Shim Harno 56t, Rieger Bertrand / Hemis.fr
15tl, Historic Images 41cla, Home Bird 77b,
imageBROKER / Moritz Wolf 98, imageBROKER.
com GmbH & Co. KG / Walter G. Allgöwer 33cla,
Images&Stories 21cla, INTERFOTO / History 61,
Ivoha 52t, kaprik 127t, Brenda Kean 105t, John
Kellerman 68t, Vitalii Kliuiev 13cl, Art Kowalsky
44-45b, Loop Images Ltd / Anna Stowe 83t, MB_
Photo 114-115t, Hercules Milas 24, MiraMira 101,
Jim Monk 106t, John Norman 38b, Cum Okolo
12br, 13cl (8), 15br, 40b, 60t, 73, 74t, 92, 95, 103,
121b, PBarchive 25, 39, J. Pie 111br, 124t,
PjrStatues 111bl, PjrTravel 10clb, 59t, 90t, Peter
Forsberg / Praha 128, Prisma Archivo 9cr,
Mieneke Andeweg-van Rijn 62-63, Shawshots
10cla, Charles Stirling (Travel) 71, stockex 13cla,
Lana Sundman 31, Liba Taylor 84, Maksym
Tsalko 30, Steve Tulley 13clb, Lucas Vallecillos
75t, volkerpreusser 124b, Mike Withers
64b, Yegorovnick 67t, Zoonar / Kai Michael
Neuhold 53t.

Aromi: 133.

Artel Glass: 81t.

Bakeshop Praha: 116.

Depositphotos Inc: VividaPhoto 113t.

Dorling Kindersley: Jiri Kopriva 122, Vladimir
Kozlik 58b, Frantisek Preucil 114b, Stanislav
Tereba 82.

Dreamstime.com: Anton Aleksenko 14,
52b, Sorin Colac 34br, Dziewul 26b, Anton
Eine 76t, Evgeniy Fesenko 34-35t, 37b, Veronika
Galkina 16crb, Marian Garai 131, Diego Grandi
23br, 65, Grounder 106-107b, Natalia Hanin
44cla, Nataliya Hora 97t, Josefkubes 33tc, Kaprik
66t, Zoran Kompar 21b, Madeleinesteinbach
81b, Kirill Makarov 51t, Marietf 20cla, Andres
Garcia Martin 90b, Roman Milert 37t, Mistervlad
28b, Martin Molcan 12cra, Montypeter 85,
Luciano Mortula 21cr, Marketa Novakova 130,
Positivetravelart 74-75b, Nikita Pritykin 70,
Pytyczech 6-7, 17, 99tl, Dietmar Rauscher 78t,
Pavel Rezac 87, Rumata7 97b, Vladimir Sazonov
120, Jozef Sedmak 63cra, Josef Skacel 129b,
Stevanovicigor 9tr, 50b, Stockfotocz 76b, Jana
Telenská 77t, Thecriss 119b, Anibal Trejo 23crb,
Uko_jesita 33tr, Wrangel 80b, Yakub88 27t.

Getty Images: Hulton Archive / Keystone /
Stringer 10br, imageBROKER / Silwen
Randebrock 49, Moment / Alexander
Spatari 19, 28-29t, Moment / Andrey
Denisyuk 119t, Moment / Karl Hendon 135.

Getty Images / iStock: alexxx_77 12crb, Bim 22-23t, E+ / borchee 5, E+ / Eloi_Omella 32-33b, Kirillm 47t, Roman Kybus 42bl, PytyCzech 46, serge001 42-43t.

Grand Café Orient: Jaroslav Turek 79.

Hotel U Prince: 94.

John Lennon Pub: 102.

Karel Zeman Museum: 69.

King Solomon Restaurant: 117.

Kuchyň: 109.

Lobkowicz Palace Museum: Lobkowicz Palace Café, Prague Castle Complex, Prague, Czech Republic 108.

Loreto Sanctuary: 35bc.

National Technical Museum: 55b.

Nebe Cocktail & Music Bar: 123.

Prague Spring Festival: Ivan Maly 83b.

Restaurace Pastička: 132.

Shutterstock.com: Belikart 113br, Marina Datsenko 110-111t, hsunny 13tl, KievVictor 29br, PhotoFires 41tr, tichr 60b, Popova Valeriya 100, Sergio Delle Vedove 51b.

U Šumavy: 125.

Cubierta:

Delantera y lomo: **Dreamstime.com:** Emicristea. *Trasera:* **Alamy Stock Photo:** Robert Dziewulski tr; **Dreamstime.com:** Veronika Galkina tl; **Getty Images / iStock:** E+ / borchee cl.

Mapa desplegable:

Dreamstime.com: Emicristea.

Resto de imágenes © Dorling Kindersley Limited
Para más información, visitar: www.dkimages.com
Ilustración: Chris Orr & Associates

De la edición en español
Servicios editoriales Moonbook
Traducción DK
Coordinación editorial Cristina Gómez de las Cortinas
Dirección editorial Elsa Vicente

Impreso y encuadernado en China

Publicado originalmente
en Gran Bretaña en 2003
por Dorling Kindersley Limited, DK,
20 Vauxhall Bridge Road,
London, SW1V 2SA, UK

Copyright © 2003, 2024 Dorling
Kindersley Limited
Parte de Penguin Random House

Título original DK Top 10 Prague
Decimocuarta edición, 2025

ISBN: 978-0-241-77068-9

MIXTO
Papel | Apoyando la
silvicultura responsable
FSC™ C018179

Este libro se ha impreso con papel
certificado por el Forest Stewardship
Council™ como parte del compromiso
de DK por un futuro sostenible.
Para más información, visita
www.dk.com/uk/
information/sustainability